始于技术，成于管理！

一体化指挥调度
——社会治理安全场景数字化

一体化指挥调度技术国家工程实验室 著

四大领域：公共安全 指挥控制 信息通信 人工智能

西安交通大学出版社
XI'AN JIAOTONG UNIVERSITY PRESS

图书在版编目(CIP)数据

一体化指挥调度:社会治理安全场景数字化 / 一体化指挥调度技术国家工程实验室著. —西安:西安交通大学出版社,2020.12

ISBN 978-7-5693-1827-2

Ⅰ.①一… Ⅱ.①一… Ⅲ.①社会管理-数字化-研究-中国 Ⅳ.①D63-39

中国版本图书馆CIP数据核字(2020)第188762号

书　　名	一体化指挥调度——社会治理安全场景数字化
著　　者	一体化指挥调度技术国家工程实验室
责任编辑	郭鹏飞
责任校对	陈　昕
出版发行	西安交通大学出版社 (西安市兴庆南路1号　邮政编码710048)
网　　址	http://www.xjtupress.com
电　　话	(029)82668357　82667874(发行中心) (029)82668315(总编办)
传　　真	(029)82668280
印　　刷	陕西龙山海天艺术印务有限公司
开　　本	700 mm×1000 mm　1/16　印张 16　字数 163千字
版次印次	2020年12月第1版　2020年12月第1次印刷
书　　号	ISBN 978-7-5693-1827-2
定　　价	128.00元

订购热线:(029)82665248　(029)82665249
投稿热线:(029)82668525
读者信箱:xjtu_rw@163.com

版权所有　侵权必究

编写委员会

主　编　　刘玉超　李　璞
副主编　　马文学　窦笑然
编写组　　刘玉超　马文学　李子月　赵志强
　　　　　　　常海峰　武　兴　张苏南　郑梅云
校验组　　李　璞　窦笑然　温晓萍　马立新
　　　　　　　于　龙　凌　萍　高　展　荆　蕾

一体化指挥调度技术国家工程实验室组织架构

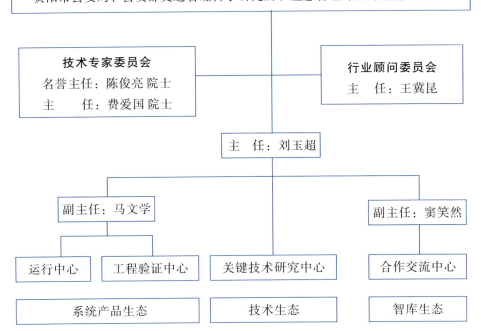

一体化指挥调度技术国家工程实验室

一体化指挥调度技术国家工程实验室(以下简称"实验室")是由国家发展和改革委员会组织实施、公安部进行业务指导的社会治安防控领域创新能力建设专项,是国家技术创新体系的重要组成部分。实验室于2016年11月获得立项批复(发改办高技〔2016〕2416号),由新智认知旗下博康智能信息技术有限公司作为项目法人单位,联合北京邮电大学、北京航空航天大学、公安部第三研究所、重庆市公安科学技术研究所、贵阳市公安局、公安部交通管理科学研究所、应急管理部上海消防研究所七家单位共同建设。实验室于2020年1月正式通过北京市发展和改革委员会验收(京发改〔2020〕523号)。

实验室建设了由智能交互体验区、指挥系统示范区、信息服务保障区构成的集成演示验证环境;以国家社会治理重要指导思想和钱学森开放复杂系统科学理论为指导,构建了一体化指挥调度的方法论体系,提出"面向场景、数据驱动、平台支撑、脑＋端、人机融合"的实践之路;从感知、认知、行动和保障四域,开展了大规模异构数据融合治理、基于群体智能的智力共享、人在回路的无人系统、智能信息网络等关键技术应用研究;围绕公共安全、应急管理、社会治理等领域的典型场景开展了卓有成效的研究和应用实践工作。实验室先后十余次参加国家级重大活动指挥保障任务,圆满完成技术支撑保障,获得公安部科学技术奖励一等奖、中关村重大协同创新平台、科技部重大科技专项司法行政跨区域联合执法协同支撑技术研究等奖励和项目支持!

实验室的发展得到了中国指挥与控制学会、实验室技术专家委员会、行业顾问委员会等机构和许多院士、专家的大力支持！陈俊亮院士、李德毅院士、戴浩院士、费爱国院士在信息通信、人工智能、指挥控制领域为实验室指明了技术研究方向，秦继荣、宋荣、王冀昆、于春全、牛晋、古小燕、曲国胜、李书旺等专家为实验室的行业研究方向给予了大量的实践工作指导！

本书是对实验室工作的总结，更是对未来发展的思考！

前言

平台经济时代,数据互联、信息互通、知识共享,"平台交互""大数据""智力工具"成为新的生产关系、生产资料和生产力。从信息通信到万物互联再到社会计算,虚实结合的平台交互带来机制模式的创新,同时大规模、多角色、实时交互带来的复杂系统不确定性问题日益突显;不论是自然大数据、社会大数据,还是行业大数据,数据成为今天重要的生产资料,也是构建认知决策大脑的重要源泉;不论是个体智能还是群体智能,不论是人类智能还是机器智能,人机融合的智力工具成为核心生产力。

场景数字化本质上是面向场景分析主要矛盾问题,综合运用大数据、人工智能、区块链等信息技术和系统工程方法优化机制模式,确保数据流、业务流闭环畅通,通过数据驱动化解复杂系统不确定性问题。社会治理场景数字化是将社会治理场景中的指挥调度问题与复杂性科学、信息技术、系统工程相结合;以力量到边和力量无边的理念构建指挥管理机制和基层自治组织的同心圆;以人为核心以点带面建立社会关系网络画像;以事为牵引分级分类构建社会治理场景全息画像。

一体化指挥调度为社会治理复杂系统场景数字化提供理论、方法、技术、标准和工程体系支撑。

(1)理论基础源自"赛博"。"赛博"一词来源于社会科学,系统阐述生物学和机器智能,落地于机械和电机系统控制的工程科学,衍生出军事指挥控制,今天将回馈社会治理。

(2)方法论源自军事指挥中的"OODA"(Observe、Orient、Decide、Act)环,该理论是美国空军上校约翰·包以德从毛泽东军事思想中提炼而来的,是基于观察、研判、决策、行动四个环节对作战指挥问题进行刻画,也是适用于研究人类、社会复杂系统认知过程的方法论。

（3）技术体系主要基于指挥调度数据流视角，构建感知、认知、行动、保障四域的重点研究方向：感知域解决数据在哪里，如何获取；认知域解决数据怎么用；行动域解决数据谁在用，应用效果如何；保障域解决数据流闭环的保障。

（4）基于钱学森开放复杂巨系统思想，结合当前数字孪生、人工智能技术的发展，提出"面向场景、数据驱动、平台支撑、脑＋端、人机融合"的工程实践之路：面向场景抓本质问题和主要矛盾，找准数据源，理清数据流，以数据驱动，构建技术平台、组织平台、生态平台支撑数据流畅通，聚焦行业知识大脑＋智能端应用核心技术发展，创新脑＋端、人机融合的系统组织运用模式。

始于技术，成于管理。数字化是为了实现网络化，网络化的目的是系统化，系统化的核心在于催生管理的变革。通过信息化构建通用工具平台，通过智能化形成面向场景的脑＋端。习近平总书记强调以信息化推进国家治理体系和治理能力现代化，用网络信息技术推进社会治理，构建"智治"模式。一体化指挥调度技术国家工程实验室紧密围绕习近平总书记关于社会治理的重要指导思想，充分利用实验室在社会治安防控体系、军民融合技术创新、人机融合系统发展等方面的专家智库、技术研究、标准制定和工程验证平台优势，将社会管理哲学思想、指挥控制理论方法与人工智能科学技术相结合，交叉创新，解决社会治理的复杂系统问题。一体化指挥调度的理论方法源于指挥控制系统工程，技术上瞄准人机融合的智能科技发展趋势。

这是一本技术与管理相结合的书，希望让大家都能读懂。读者可以通过书中蓝色字快速了解书中阐述的主要观点。全书一直强调"面向场景"，不同场景的具体落地实践不尽相同。本书跨多学科的交叉融合本身也是一种尝试和探索，希望能为读者带来思考和帮助！

作　者
2020 年 11 月

目 录

第 1 章　平台经济时代的复杂不确定性 …………………………… 001
  1.1　平台经济带来泛交互时代 ………………………………… 002
  1.2　社会治理复杂系统问题 …………………………………… 005
    1.2.1　不确定性风险 ……………………………………… 005
    1.2.2　社会治理模式 ……………………………………… 007
  1.3　复杂性科学与管理决策 …………………………………… 009
    1.3.1　复杂性科学的演进发展 …………………………… 009
    1.3.2　复杂系统管理决策 ………………………………… 015

第 2 章　安全场景数字化 …………………………………………… 017
  2.1　社会治理大数据基础 ……………………………………… 018
  2.2　社会治理数字画像 ………………………………………… 021
    2.2.1　数字画像技术 ……………………………………… 021
    2.2.2　典型场景应用 ……………………………………… 031
  2.3　安全场景数字画像构建方法 ……………………………… 036
    2.3.1　力量到边和力量无边 ……………………………… 037
    2.3.2　以人为核心的网络画像 …………………………… 037
    2.3.3　以事为牵引的全息画像 …………………………… 038
  2.4　定性与定量相结合构建安全场景 ………………………… 040

第 3 章　一体化指挥调度 …………………………………………… 043
  3.1　科学溯源 …………………………………………………… 044
    3.1.1　赛博控制论 ………………………………………… 044

3.1.2　指挥与控制 …………………………………………… 047
　　3.1.3　工程科学 ……………………………………………… 049
3.2　方法论认知 …………………………………………………… 052
　　3.2.1　"OODA"环 …………………………………………… 052
　　3.2.2　指挥与数据体系融合 …………………………………… 054
3.3　"四域"技术体系 ……………………………………………… 057
　　3.3.1　感知域技术 ……………………………………………… 058
　　3.3.2　认知域技术 ……………………………………………… 064
　　3.3.3　行动域技术 ……………………………………………… 069
　　3.3.4　保障域技术 ……………………………………………… 075
3.4　工程实践方法 ………………………………………………… 079
　　3.4.1　面向场景数据驱动 ……………………………………… 080
　　3.4.2　数字孪生平台支撑 ……………………………………… 084
　　3.4.3　人机融合决策体系 ……………………………………… 089
3.5　从内涵到外延 ………………………………………………… 092

第4章　脑＋端的人机融合 …………………………………………… 097

4.1　基本概念理解 ………………………………………………… 099
　　4.1.1　认知智能困境 …………………………………………… 099
　　4.1.2　人机融合演进 …………………………………………… 101
4.2　人机融合的多层面交互 ………………………………………… 104
　　4.2.1　信号层面 ………………………………………………… 105
　　4.2.2　信息层面 ………………………………………………… 117
　　4.2.3　知识层面 ………………………………………………… 120
4.3　人机融合的系统应用 …………………………………………… 123
　　4.3.1　人在回路的角色演变 …………………………………… 124
　　4.3.2　无人系统带来指挥关系的演变 ………………………… 128
　　4.3.3　人机融合技术在军事领域的发展趋势 ………………… 132

4.4 面向场景的行业认知大脑 …… 141
4.4.1 认知大脑系统逻辑架构 …… 142
4.4.2 基于群体智能的 HI 知识模型共享 …… 148
4.4.3 基于联邦学习的 AI 参数模型共享 …… 153
4.5 面向场景的智能端应用 …… 159
4.5.1 感知、认知、行动一体化 …… 159
4.5.2 受脑认知启发的驾驶脑 …… 160
4.5.3 面向安防巡逻场景的脑＋端 …… 164

第5章 大型活动任务保障场景实践 …… 169
5.1 大型活动特点 …… 170
5.2 典型业务场景 …… 171
5.2.1 安全管理场景 …… 172
5.2.2 场所保障场景 …… 173
5.2.3 人员保障场景 …… 175
5.2.4 应急处突场景 …… 177
5.3 数据获取分析 …… 178
5.3.1 时间线视角 …… 178
5.3.2 数据源视角 …… 179
5.3.3 实战应用视角 …… 179
5.4 系统平台 …… 181
5.4.1 系统总体架构 …… 181
5.4.2 业务应用平台 …… 182
5.4.3 一体化支撑服务平台 …… 183
5.4.4 基础保障平台 …… 184
5.5 关键技术 …… 185
5.6 小结 …… 191

第 6 章 从汶川地震谈应急指挥场景实践 ·············· 193
6.1 场景分析 ·············· 193
6.2 系统支撑平台 ·············· 198
6.2.1 融合通信平台 ·············· 198
6.2.2 大数据支撑平台 ·············· 200
6.2.3 应急指挥应用平台 ·············· 203
6.3 关键技术 ·············· 206
6.4 小结 ·············· 210

第 7 章 从疫情防控谈社会治理场景实践 ·············· 213
7.1 典型场景分析 ·············· 215
7.1.1 场景特征 ·············· 215
7.1.2 场景分析 ·············· 217
7.2 多源数据整合 ·············· 219
7.3 平台支撑方案 ·············· 221
7.3.1 大数据支撑平台 ·············· 221
7.3.2 社会治理应用平台 ·············· 222
7.3.3 互联网＋社会治理 ·············· 225
7.4 小结 ·············· 227

第 8 章 总结 ·············· 229

附录 ·············· 232

参考文献 ·············· 239

第 1 章　平台经济时代的复杂不确定性

> 如果把哲学理解为在最普遍和最广泛的形式中对知识的追求,那么,哲学就可以被认为是全部科学研究之母。
>
> ——爱因斯坦

面对复杂系统的不确定性问题,我们需要在哲学思想指导下,用自然科学技术和系统工程方法去化解。哲学思想帮助我们透过现象抓本质,实事求是找准问题研究方向;科学技术作为核心生产力,是持续发展的动力引擎;系统工程是面向实际场景问题的解决方案。1991年12月11日,在"钱学森系统科学与系统工程学术思想讨论会"上,80岁的钱学森先生强调系统科学有三个层次:基础理论、技术性科学和系统工程。理论要概括上升到哲学,系统科学是马克思主义哲学指导下的科学研究工作,同时系统科学的实际经验又可以深化发展马克思主义哲学。成思危教授在《复杂性科学与管理》一文中指出,研究复杂系统的基本方法应当是在唯物辩证法指导下的系统科学方法:定性判断与定量计算、微观分析与宏观分析、还原论与整体论、科学推理与哲学思辨相结合。

习近平总书记在十九大报告中强调"时代是思想之母,实践是理论之源"。当今时代充满不确定性,人与人之间、组织与组织之间、国家与国家之间,相互依赖、相互摩擦、相互合作、相互竞争等积极的、消极的关系并存演化成为常态,社会治理复杂不确定性的时域、空域都更加宽广,这就需要以战略思维和大局意识把握时代脉搏、找准实践方向,才能事半功倍。

21世纪平台经济崛起,逐步形成了虚实结合的泛在交互协作体系,复杂性和不确定性风险日益加剧,社会治理中的复杂系统问题日益凸显,复杂性科学研究成为时代研究焦点,呈现出自然科学与社会科学、社会治理与科学技术融合发展的新趋势。

1.1 平台经济带来泛交互时代

人类社会的发展史正是不断通过工具的发明将人类的能力推向新的高度,从体力和动力工具到信息感知和应用工具,再到智力工具的过程。今天随着人人联网、万物互联时代的到来,我们更加关注个体的自主创新能力和系统的交互协同能力。互联网是人类最伟大的发明之一,不仅改变了人类的生产方式、生活方式乃至休闲娱乐方式,也改变了整个社会关系的意识形态。互联网已经成为推动技术革新和社会进步强有力的发动机,带来了21世纪平台经济的崛起。互联网平台对人类社会和经济产生的影响大体可以分为三个台阶。

第一个台阶,人人在线的社交互联网。2000年前后,互联网开始飞速普及,带宽增长的吉尔德速度六个月翻一番,是摩尔速度的3倍,这使人们通过网络沟通的成本逐渐降低,甚至小到可以忽略不计,为人们直接参与网络信息的交互提供了途径。同时,搜狐、新浪等以信息交流、平台门户为特征的社交互联网全面开启,网站设计成为热门职业,QQ号、MSN、电子邮箱成为大学生的标配,论坛、博客、网游成为各类群体的社交平台。近十年来,移动互联网的快速发展极大地促进了全民联网,尤其是智能手机、平板电脑等移动智能终端的普及,通过以微信为代表的社交软件实现了人与人之间丰富多样的即时交互。随着今日头条、抖音、钉钉、知乎等交互软件的相继崛起,大众的多元化社交需求得到满足,虚拟生活和每个人的生活紧密相连。今天,互联网已经发展成为一个思想沟通、精神汇集的平台,全世界的人们以史无前例的巨大规模交流,人类的感知和交互能力挣脱了时间和空间的束缚。

第二个台阶,消费互联网+移动支付。2010年前后,阿里、京东等以产品交易、电商平台为特征的消费互联网崛起,降低了开店门槛,人人都可以便捷地开设网店。尤其是移动互联网和农村电商市场的快速兴起,让网络购物触达更多的大众群体,"网红带货"更是成为新的营销模式。支付宝、微信等解决了人们的支付信任问题,让移动互联网与居民消费完美结合。移动支付渗透大众衣食住行各个方面,覆盖存在刚性需求的零售、交通出行、医疗社保、公共缴费等多样化生活场景。基于二维码、人脸识别、生物识别等技术创新,移动支付正在改变传统的经营和消费形态。

第三个台阶,产业互联网。随着前两个台阶 C 端流量的逐步见顶,用户开始出现消费升级,此时迫切需要上游 B 端的供给侧改革。产业互联网的根本目的是面对消费升级推动供给侧改革,从而使供求两侧再度达成平衡。不同于社交互联网和消费互联网依托大众的低门槛参与快速带动大规模流量经济的模式,产业互联网以知识共享、生态平台为特征,需要通过深度介入行业的具体流程和环节当中,推动行业数字化转型,改变行业的生产和应用方式。正是由于产业互联网是行业知识生态的交互和积淀,而知识层面的交互共享需要统一的模型才能完成信息匹配,所以专业性要求高、难度大。产业互联网不能照搬消费互联网时代通用交易的快速流量思维,而是要深耕行业,从场景、数据、软件、平台、组织、模式等多方面辩证思考,脚踏实地从基础做起,也只有这样,产业互联网才可以有更多想象空间。

平台经济大发展使得人人联网、万物互联、虚实结合的数字孪生世界逐渐形成。可以说,平台经济强化了主体的多样性、关联性、互动性,大规模、多角色、实时互动的网络协同使得组织边界被不断重新定义,形成了基于网络平台的广泛协作交互体系。这种泛在交互驱动的社会生产关系不断演化,有协作、有博弈、有消亡、有涌现,人类社会面临的不确定性呈指数级增长,社会治理所面临的问题更加错综复杂。

1.2 社会治理复杂系统问题

习近平在中国共产党第十九次全国代表大会的报告中指出:"中国特色社会主义进入新时代,我国社会主要矛盾已经转化为人民日益增长的美好生活需要和不平衡不充分的发展之间的矛盾。"不平衡不充分也正是社会复杂系统的不确定性问题。习近平总书记指出了解决发展不平衡不充分问题的途径:"深入贯彻新发展理念""大力提升发展质量和效益"。

1.2.1 不确定性风险

复杂性和不确定性一直伴随着人类社会的发展,我们也总是在应对各种各样的不确定性风险。风险按照产生的原因可以分为自然风险(如地震、海啸、瘟疫等)、社会风险(如抢劫偷盗、玩忽职守、故意破坏等)、政治风险(如战争、内乱、进出口管制等)、经济风险(如市场波动、通货膨胀等)、技术风险(如核辐射、空气污染、基因、AI伦理等)。很多时候,不同类型的风险可能会产生蝴蝶效应,叠加联动,进而带来更为严重的后果。比如说,瘟疫本来属于自然风险,但是如果人为处置不当,就可能会导致民众恐慌骚乱,带来社会风险,如果大范围蔓延就会带来经济风险,甚至是政治风险,而人类在研究病毒、基因等技术的同时也存在着技术风险。

围绕社会风险的不确定性,德国学者乌尔里奇·贝克提出了"风险社会"的概念[1]。与以往其他风险相比,风险社会中的风险很大程度上是由人类的不确定性认知和行为导致的,其社会化特征显著,更具有复杂性、不确定性和全局性。这种风险不是源于无知，而是源于人类现代化进程中不断增加的熵，也可以说是负面、阴暗面，如强权政治、恐怖主义、社会文明冲突等。这类风险在某些不确定偶然性因素的影响下，极易导致和演变成整体性的社会灾难。贝克同时也指出，现代社会的风险可以通过精确推算来掌握其统计数据，并通过制定预防预警、事故赔偿等一系列预案，将风险和损失降到最低限度。英国著名学者安东尼·吉登斯进一步发展了贝克的风险社会理论[2]。他认为，现代社会的"风险强度"不仅空前加剧，而且"风险环境"也迅速扩张。他把风险社会区分为"外部风险"和"被制造出来的风险"两种类型。前者是"来自外部的、因为传统的或者自然的不变性和固定性所带来的风险"，如地震、洪涝、旱灾、海啸等，这类风险可以以时间序列为依据做出估计和预防；后者是"被制造出来的风险"，是"由于我们的不断发展对这个世界的影响所产生的风险，是没有多少历史经验的情况下所产生的风险"，这类风险数量多且复杂，其中很多是人们以往没有经历过的。特别是人类对生态环境的破坏和对地球资源的过度开发和利用，招致自然界的无情惩罚，与此并存的还有战争、恐怖主义、政治腐败、信任危机、经济危机等。复旦大学社会科学基础部的刘军、蔡春在《风险社会、不确定性与信任机制研究》一文中对乌尔里奇·贝克和安东尼·吉登斯的理论观点进行了深入讨论分析。

2020年爆发的新型冠状病毒（简称"新冠"）疫情可以说是一场典型的多风险交叠问题。面对"新冠"疫情，中国充分发挥了集中力量办大事的制度优势，以强大的社会动员能力，一根针插到底，迅速构筑起覆盖全国各地的疫情防控网络，全力保障各类医疗物资与生活物资供应。同时,14亿中国人民积极配合国家防疫统一部署,社区作为疫情防控的前沿阵地,充分利用"移动互联网+大数据+社区治理"技术优势,线上与线下相结合,实现了对人员流动的信息采集、重点排查,自下而上构建起了人员画像的时空数据支撑体系。这种"以人为本""自上而下"的指挥赋能体系与"自下而上"的数据支撑体系相结合的治理模式,为人类社会应对和解决未来世界复杂不确定性风险提供了宝贵经验。

1.2.2 社会治理模式

随着社会的不断进步和技术发展,理论上,人类对自然和社会过程的控制能力应该持续增强,但实际情况却恰恰相反,社会不确定性风险日益严峻,危机频发。中国人民大学张康之教授指出,这种矛盾情况的根源在于,人类对自然以及社会过程的传统强化控制方式已经无法适应时代复杂性和不确定性的迅速增长。在平台经济时代,虚实结合的泛在交互体系使得社会已经发展成为超大规模、实时变化、相互耦合的复杂系统,个体、组织、政府等每一个层次,社会、经济、政治等每一个维度都相互交织,面临的问题更加错综复杂。人类社会的复杂性和不确定性也同时映射到了自然界,以风险和危机形式出现。我们迫切需要通过思维范式、管理模式、体制机制、方法手段的社会治理创新,去应对当前社会复杂性和不确定性矛盾问题。张康之教授在《论伦理精神》中将社会治理模式的发展归为思想启蒙:第一次伟大的启蒙运动发生在中国的春秋战国时期和西方的古希腊时期,是一场"哲学的启蒙",开启了人类迈向农业文明的征程,孔子的《春秋》是第一次启蒙运动的标志性著作;

第二次伟大的启蒙运动发生在18世纪的欧洲，是一场"法的启蒙"，构建起了工业社会及其治理模式，孟德斯鸠的《法的精神》可以看作第二次启蒙的标志性著作；今天，人类处于从工业社会向后工业社会转变的重大历史期，社会的高度复杂性和不确定性冲破了工业社会单一式的等级化控制管理临界点。在应对复杂性和不确定性风险中，形势瞬息万变，最佳处置时机稍纵即逝，因此，组织的响应运作速度和灵活性是关键能力。系统不确定性复杂交互一旦达到传统等级化控制体系的临界点，就可能带来社会治理目标与手段的离异和错位，这反映出社会风险控制能力变弱，各种各样的问题得不到及时和适当的解决。同时，也有许多问题在原有的视界内无法被发现，以至于错失了最佳解决时机，风险演化成危机。

互联网平台经济以"开放、平等、协作、共享"为主题，开启了数字化、网络化、扁平化、点对点的交互组织模式，也为供给侧改革提供了支撑。在社会治理中，供给侧结构性改革就是要贯彻新发展理念，通过结构性调整、要素配置优化保证数据流畅通，实现供需关系的信息对称、高效精准匹配；通过构建政府主导、基层自治、群众参与的社会治理微循环生态，运用大数据思维形成优势互补、多元参与、系统治理的发展格局，推进共治共享；实现从"自上而下"的控制走向"力量下沉"的赋能，在平时发挥基层、大众群体交互的自组织涌现优势，自下而上逐步构建起"科技智治"的大数据支撑体系，同时在面对影响全局的重大风险危机时，又可以发挥统一指挥、统一部署、力量到边的群体性管控优势。

第1章 平台经济时代的复杂不确定性

2020年4月,各地开始逐步复工复产,习近平总书记在浙江考察时指出:"现在防控还不能够麻痹,还是不要进行过多的聚集活动,这也是国家治理水平的一种表现。该管起来就能够迅速地管起来,该放开又能够有序地放开,收放自如,进退裕如,这是一种能力。"①

1.3 复杂性科学与管理决策

经典科学描绘的是一幅静态的、可逆的、确定性的自然图景,形成一种关于"存在"的机械自然观。但是人们在自己生活的世界里看到的却是地质变迁、生物进化、社会变革这样一幅动态的、不可逆的、不确定的、千变万化的自然图景,形成一种关于"演化"的自然观。复杂性和不确定性成为当今时代的基本特征,开放的、多方面的和复杂的理论时代开始了。被誉为"爱因斯坦之后最杰出的科学思想家"的英国理论物理学家斯蒂芬·霍金在2000年就曾说:"下个世纪将是复杂性的世纪,处理各种复杂系统将是21世纪理论科学面临的主要任务。"

1.3.1 复杂性科学的演进发展

复杂性科学的重要标志事件是1984年圣塔菲研究所(Santa Fe Institute,SFI)成立(见图1-1),来自物理、经济、计

---

① 邱越,袁勃. 新京报:现在还不是随意摘口罩的时候(EB/OL). 人民网,(2020-04-02)[2020-04-02]. http://yuqing.people.com.cn/n1/2020/0402/c209043-31658325.html.

算机和生物等不同领域的科学家,试图找到一条通过学科间的融合来解决复杂性问题的道路,并将研究复杂系统行为与性质的这一学科称为复杂性科学(complexity science)。复杂系统由大量不同粒度的因素构成,这些因素之间又进行着错综复杂、随时间演化的交互,交互的结果使整体具有了与其组成部分不同的性质。圣塔菲研究所的计算机科学家霍兰1994年在该所成立10周年时正式提出了复杂适应系统(Complex Adaptive Systems,CAS)理论,其中把系统信息运作作为影响系统自组织的重要因素之一。复杂适应系统理论的提出对于人们认识、理解、控制、管理复杂系统提供了新的思路,是这一时期复杂性科学的主要成果。

图 1-1　圣塔菲研究所(图片来自互联网)

人类学家、人工生命之父克里斯·兰顿(Chris Langton)曾说:"生命的本质在于物质的组织形式,而不在于物质的自身。"宇宙、社会、人体都是自然界不同粒度上典型的复杂系统。随

第1章 平台经济时代的复杂不确定性

着生命科学和信息技术的不断发展,今天我们可以从不同尺度上去观测人与宇宙,粒子物理学所研究的对象已经涉及 10^{-15} 米和 10^{-22} 秒数量级的物理尺度,而天体物理学却把我们带到 10^{10} 光年的数量级,即所谓宇宙的线度(线度一般是指物体从各个方向来测量时最大的长宽度,并且往往只精确到数量级)。两个极端粒度复杂系统展现出了结构相似性,这使得智能和自然研究的联系更加紧密。

复杂系统是相对简单系统而言的,简单系统通常是指个体数量少、相互作用微弱的系统或者是具有大量相似行为个体的系统,如封闭的气体、遥远的星系,其个体没有能动性、自适应性,可用统计学方法研究。复杂系统具有一定规模,但也不是规模越大就越复杂。构成复杂系统的主体具有能动性、适应性,如组织中的细胞、股市中的股民、音乐厅里鼓掌的观众等。主体之间相互影响,一个主体可能根据周围主体的行为做出决策并修改其自身行为规则,表现出"局部适应性"。大量具有自组织能力的个体之间动态交互形成的复杂系统,在不同层次和尺度上常常呈现出共同的行为特征。低层次、细粒度上的群体交互行为可能在高层次上产生影响,甚至导致复杂系统的涌现或混乱。复杂系统具有如下特征(见图 1-2):

(1)非线性:系统整体大于组成部分之和;

(2)动态性与非周期性:系统行为随时间变化,且行为没有周期性;

(3)开放性:与外界进行物质、能量和信息等的交换;

(4)积累效应:初值敏感性、蝴蝶效应;

(5)不稳定性:系统每次从状态 A 到状态 B 的途径都是不同的;

(6)分形性:结构自相似性;

(7)涌现性:由下而上的突变。

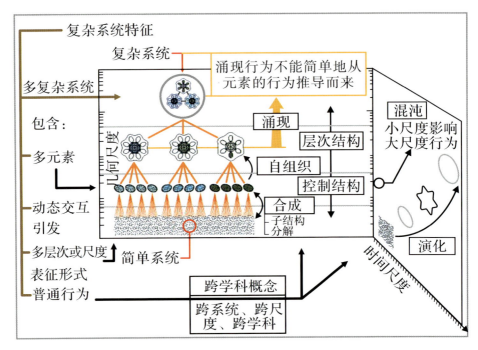

图1-2 复杂系统具有多层次、多粒度、演化、涌现等特性

2004年,中国社会科学院哲学研究所金吾伦研究员从学术思想理论的起源和演化视角,分析了复杂性科学的演进发展。我们可以将其划分为以下三个阶段。

第一阶段,一般系统论、控制论和人工智能,三者都诞生于20世纪中叶。一般系统论(general system theory)代表性成果是贝塔朗菲的《一般系统论:基础、发展和应用》;控制论(cybernetics)代表性成果是维纳的《控制论:关于生物与机器之间控制与通信的科学》;人工智能(artificial intelligence)分符号主义、联结主义、行为主义三个代表性学派,利用机器去模拟人或动物的思维过程、智能活动与心理过程。一般系统论最具代表性,它的思维方式和科学方法论促成了复杂性科学的诞生;控制论成为自动化、系统工程等学科的理论基础,并逐步走向工程技术;人工智能经过多次起落,在新算法模型、大数据、计算能力的支撑下不断发展。今天面对社会复杂系统问题,控制论一词的英文原意——源于国务管理的"赛博"再度兴起,将与人工智能共同推动复杂性科学研究的新一轮高潮。

第二阶段,具体经验科学和形式科学的研究演化。具体经验科学包括普利高津的《耗散结构理论》、哈肯的《协同论》和艾根的《超循环理论》,基于物理、化学等自然科学理论,研究复杂结构形成和演化的机制、生命系统演化自组织等;形式科学包括突变理论、混沌理论、分形理论、元胞自动机理论等,主要利用数学对复杂系统的演化过程进行形式化描述,如利用相空间中的吸引子来描述系统演化的终极状态,模拟生命现象,研究系统突变等。

第三阶段,复杂性科学研究不再是分门别类地进行,而是打破学科界线进行综合研究,而且有了专门从事复杂性科学研究的机构,就是圣塔菲研究所。这一阶段复杂性科学的研究对象是复杂系统,主要研究工具是计算机,隐喻和类比成为重要研究方法。类似于生物学中使用显微镜所导致的科学革命,计算机的使用带来了研究的革命。计算机使许多复杂系统第一次成为科学的研究对象,研究生命的进化、思想的产生、物种的灭绝、文化的发展等。复杂性科学研究的前两阶段主要以自然科学为基础,在第三阶段,经济学、文化学和人类学等社会科学发挥了重要作用。

20世纪80年代，复杂性研究刚刚兴起的时候，我国著名科学家钱学森先生就曾敏锐地提出探索复杂性科学的方法论，并于1990年在《自然杂志》上发表了文章《一个科学领域——开放的复杂巨系统及其方法论》，独树一帜，开创了中国复杂性研究先河。图1-3所示为钱学森对系统的分类示意图。钱学森提出的处理开放的复杂巨系统的方法论——"从定性到定量的综合集成研讨厅"，就是将专家系统、知识信息系统、人工智能系统、巨型计算机组织起来构成巨型人机结合系统，把逻辑、理性与非逻辑、非理性智能（诸如人类实践灵感）结合起来，把今天人们的聪明才智和古人的智慧综合起来，形成一个复杂巨系统，发挥体系的整体效应和综合效应。协同论创始人哈肯为《系统科学大辞典》写的序言中提到，系统科学的概念是中国学者较早提出的，这是很有意义的概括，在理解和解释现代科学、推动其发展方面是十分重要的。中国是充分认识到系统科学巨大重要性的国家之一。

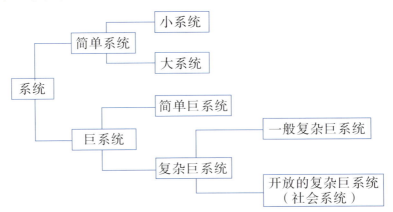

图1-3 钱学森对系统的分类示意图

今天，由复杂交互形成的各类复杂网络平台也成为众多学科交叉研究的重要载体，诸如通信网、因特网、万维网、电力网等技术网络,食物链网、生态网、新陈代谢网等生物网络,工作关系、朋友关系、合作关系等社会关系网络。复杂网络无处不在,都成为复杂性科学研究的热点。

1.3.2 复杂系统管理决策

前面谈到的圣塔菲研究所主要关注的是科学中的重大基本问题,还有另外一个机构对复杂性进行过长期研究,而且与现代组织管理联系紧密,它就是美国乔治·梅森大学的集成科学现代研究所。以沃菲尔德教授为代表,围绕着组织管理进行复杂性研究已有40多年的历史。沃菲尔德提出的"交互式管理"(Interactive Management,IM)模式,其关键也在于强调组织管理中人的作用的重要性。从管理学的发展来看,物本主义的"硬"管理逐步迈向人本主义的"软"管理,"软"管理以"硬"管理为基础,"硬"管理靠"软"管理来引导提升,不论哪个层次的管理,都是围绕人进行管理。采用复杂性思想的管理主要是强调个体在组织中的作用,强调灵活性、适应性、应对能力和快速革新能力,只有这样,才能与环境复杂性和不确定性做斗争。

随着当代科学与社会相互作用的不断加强,政治、经济、文化等因素围绕着科学技术交互作用衍生出更多不确定性,科学困境演化为决策困境。虽然现在已经出现了诸如风险预防原则、NUSAP方法、"预期效益最大化"等处理不确定性问题的方法,但是仅凭技术很难真正解决人为不确定性决策困境,仍需要智慧决策方式与理念文化的更新。知识管理是面对日益增长的非连续性的复杂环境变化时,针对组织适应性、组织生存及组织能力等的一种措施,它蕴含了组织的演进发展,并寻求将信息技术所提供的对数据、信息的处理能力以及人的发明创新能力进行有机结合，运用集体智慧提高应变和创新能力。

从辩证发展的视角看，确定性和不确定性是事物的一体两面，在面向具体实践问题时，要将确定性和不确定性看作一个有机的整体，寻求不确定性中的确定性，发现确定性中的不确定性。已知确定的可能，在新的情况下会变为未知不确定，而未知不确定的也可能在特殊情境下变为已知确定的。已知和未知在不同的粒度、层次中也会相互转变。不确定性意味着有选择的自由性，但这种自由是有风险和代价的，需要结合问题实际有相应的规范，识别可能性空间，把握不确定性管理过程，创造实现不确定性管理所需的条件。从复杂性理论看管理决策，一个极端是完全依靠中心化确定性干预控制社会，不是有效方法；另一个极端是完全去中心化的自由放任，会导致混沌，也不是行之有效的方法。健康的经济和社会都必须保持秩序与混沌之间的平衡。系统需要自下而上具有灵活弹性的组织进化，同时，必须正确引导这种进化活动，控制自组织群体交互的不确定性熵增，这样的进化才可持续发展。在秩序与混沌之间寻求平衡是个难题，它在形式上可能是混沌的，但实质上则是有序的，需要从实际出发，脚踏实地，实事求是。

在中国共产党第十九届四中全会上，习近平总书记指出，"制度更加成熟更加定型是一个动态过程，治理能力现代化也是一个动态过程，不可能一蹴而就，也不可能一劳永逸。我们提出的国家制度和国家治理体系建设的目标必须随着实践发展而与时俱进，既不能过于理想化、急于求成，也不能盲目自满、故步自封。"

第 2 章　安全场景数字化

> 要运用大数据提升国家治理现代化水平。要建立健全大数据辅助科学决策和社会治理的机制,推进政府管理和社会治理模式创新,实现政府决策科学化、社会治理精准化、公共服务高效化。①
>
> ——习近平

数字经济浪潮让我们重新审视新时代的生产关系、生产资料和生产力,可以用一只大鹏来比喻(见图 2-1),交互和数据构成双翼,智能是大脑。从通信交互到万物互联,再到社会计算,交互的本质就是生产关系;不论是自然大数据、社会大数据,还是行业大数据,数据都成为重要的生产资料;不论是人类智能、人工智能,还是个体智能、群体智能,智力工具将成为核心生产力。此外,还有接触浪潮的抓手,就是本书中说的落地

---

① 任一林,万鹏. 习近平总书记创新社会治理的新理念新思想[EB/OL]. 人民网,(2019-10-25)[2017-12-08]. http://theory.people.com.cn/n1/2019/1025/c40531-31419496.html.

场景,核心在场景的数字画像。

数字孪生(digital twin)、信息物理系统(cyber physical system)等我们今天经常听到的术语,本质上都是要建立物理场景实体的数字画像。社会治理工作场景具有多领域交织的特点。当前我国基层社区治理主要有政府主导、市场主体、社会自治和专家参与四种模式,各种模式及其所涉领域纵横交织,催生了海量需求。本章首先系统梳理了国家关于社会治理的指导思想,然后基于社会治理的大数据基础和数字画像的研究现状,提出社会安全场景的数字画像构建方法:自上而下的指挥赋能体系与自下而上的大数据支撑体系相结合;以力量到边和力量无边的理念,构建政府指挥机制和基层自治组织的同心圆;以"人"为核心,以点带面建立社会治理关系网络画像;以"事"为牵引,分级分类构建社会治理专项场景画像。

图 2-1 数字经济时代特征

2.1 社会治理大数据基础

今天,大数据已经融入国家和社会运转的每个环节,成为要素间相互衔接、融通的纽带。在社会治理中,大数据将推动传统的"经验治理"向"科学治理"转变,一方面从指挥管理体系视角要建立"大数据治理"的思维,另一方面从数据支撑体系视角要构建社会治理场景要素的全息画像。

在国家层面,大数据已经被确立为国家基础性战略资源、城市创新发展的新能源。随着社会治理制度体系不断发展完善,公共安全数据体系的建设取得了长足发展。自1999年始,以"人口信息百城联网"为出发点,国家建立并完善了全国人口身份数据、车驾管数据等各种基础数据库,同时,以"金盾工程"建设为牵引,开启了公共安全信息和科技支撑体系的全面信息化。近10年来,随着"天网工程""平安城市""智慧城市""雪亮工程""警务云大数据工程""天眼工程"等公共安全项目的实施,我们国家逐步积累了人口基础信息、安防与视频图像、网络安全、重点人群、互联网、PGIS(police geographic information system,警用地理信息系统)等数据,并围绕公共安全建设了完整的数据采集、治理、挖掘、应用体系。2019年公安部进一步提出"大力实施公安大数据战略,着力打造数据警务、建设智慧公安",将大数据建设提升到公安改革的高度。通过大数据重构公共安全体系已成必然。

在市域层面,市域社会治理具有承上启下的枢纽作用,向上承担中央决策部署的重要责任,向下对基层一线工作指导赋能,具有鲜明的枢纽特性。市域社会治理的跨界、跨区、跨责、关联、复杂属性突出,是典型的复杂系统问题,对城市的数字化建模成为研究的焦点,通过大数据技术构建起城市复杂系统模型，并以不同的可视化技术呈现。今天，面向城市运行、公共服务、行业应用的大数据中心建设逐步展开，基础设施数字化、民生服务数字化、政务服务数字化，初步形成了数据治理的基础要素，城市数字画像不断完善，数据通达、增值应用和融合服务成为加快实现市域社会治理向精细化、智能化转变的引擎。

在大众层面，民众生活的衣食住行全时段、全空间都在生产数据、更新数据和使用数据。消费互联网、社交互联网、智能物联网的大发展，积累了丰富的生活场景大数据，也为建立社会治理体系提供了支撑。个人的电话、微博、QQ、微信，购物、出行等一切社会工具和行为都在被"数字化"，每时每刻都在产生数据。个人、家庭、社区是构成社会的基础单元和组成要素，也是社会治理的基石。它们是产生数据的来源点，更是数据价值的回归点。

综上，在国家、市域和大众层面，支撑社会治理的大数据能力体系已现雏形。但是，围绕社会治理的场景、对象、手段、机制的研究，目前还很薄弱，导致数据价值无法充分发挥，社会治理的成效难以彰显。在社会治理场景数字化过程中，加强和创新社会治理，关键在数据支撑的体制创新，核心是人。面向场景构建基于时空属性的人的认知和行为关系画像，整个社会治理的不确定性难度就会降低。互联网和卫星定位导航这两个20世纪伟大的发明相结合，创造了"基于位置的服务"这一商业模式，同时提供了强大的时空数据支撑体系。大数据的平等、开放和共享，与社会治理共治、共享本质相同，政府、企业和社会的数据资源应形成优势互补、多元参与、开放竞争的发展格局,运用大数据思维,深入挖掘大数据,推进共治、共享。在市场运营模式中,政府和社会主体分别提出需求,通过大数据公司的市场化创建与运营,调动市场主体的积极性,利用企业自身力量推出大数据的治理平台,推动公共服务便利化。

2.2 社会治理数字画像

信息化革命的直接结果,就是人们日常生活、社会交往、兴趣偏好的持续数字化。可以说,人已经不再是单一的"生物人类",我们每个人都越来越多地带上了鲜明、复杂、多变的"数字人类"属性。不仅仅是人,我们所处的城市、社会也呈现出越来越复杂、多维的数字属性。当今世界,时空数据的数量、维度、多样性都呈爆炸性增长,以时空大数据为基础、场景业务需求为牵引进行数据挖掘、特征识别、信息提取、业务分析,无疑将成为社会治理的强力支撑。大数据技术、人工智能技术、知识图谱技术的广泛应用、深入探索,推动了"数字画像"这一概念进入人们的视野。通过数字画像技术进行用户具象化、群体识别、趋势识别、风险预测,辅助社会治理,让社会、城市、街道、社区成为具有自我适应能力、多元协同能力、柔性运作能力、智能服务能力的有机体。

2.2.1 数字画像技术

数字画像技术以标签体系为基础。通过画像技术对实体进行数据建模、知识挖掘,以提取数据的潜在价值,整合出最贴合用户情况、最符合业务需要的数据画像,形成支撑实际业务的知识体系。该技术的研究起源于（单）用户画像。随着广泛推广和应用，群体画像、社区画像等研究相继出现，通过与数字孪生、场景分析等技术相结合，近年来城市数字画像技术的研究正逐步深入。

1. 个体画像

1983年，艾伦·库伯（Alan Cooper）首次提出人物角色法。他指出，用户画像是根据真实数据抽取、构建形成的标签化模型，是人的真实特征描绘。用户画像是用户虚拟化的表示形式，其从用户的目标情景出发，通过对产品使用场景的分析，以用户目标为核心建立用户画像。通过对海量用户数据的挖掘和提炼，得到用户全貌，根据业务需要从多种维度勾画用户，联结用户特征与业务需求，以综合模型反映用户的真实情况。

目前，用户画像技术应用研究多集中在具体业务的使用者、服务对象，围绕用户的具体业务需求开展。在安全场景业务中，作为安全要素核心的人（用户画像），则应包括直接参与、间接参与、即将参与该场景中的任何人。从数据研究目标来看，也不仅仅限于人的具体业务需求。为了便于区分和理解，本书将安全场景中的（单）用户画像命名为个体画像。

（1）标签体系　个体画像是建立在一系列真实数据上的个体模型，如图2-2所示，通过从海量数据中挖掘出每个人的全部安全要素，如自然属性、位置属性、社交属性、行为习惯等，将收集到的个体数据标签化，利用标签尽可能详细地描述个体的信息全貌，进而为后续业务创造价值。构建个体画像的核心是贴标签——用非抽象的词语描述其个体特征，用机器学习算法、规则挖掘分析得到精炼的关键词，以便从不同维度呈现个体的全貌信息。

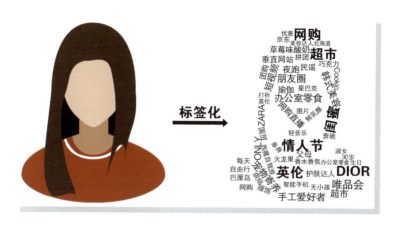

图 2-2　个体画像示例

在不同业务场景中，个体画像的数据来源千差万别，所以个体画像标签维度的选取主要取决于业务场景、业务目标。也就是说，个体画像的过程就是对现实世界的人进行建模的过程。

个体画像由通用画像和业务画像两部分组成，其中通用画像包含人的静态画像、动态画像两部分。静态画像通过抽取相对稳定的信息得到，如人口属性、职业属性、居住信息、资产属性、注册属性等自然属性；动态画像通过抽取人在生产、生活过程中产生的不断变化的信息得到，如环境、媒介、生活习惯、兴趣爱好、经济状况、性格特点、社交行为、工作活动等社会属性或行为属性。在特定场景中，通过具体业务对个体场景内的属性特征进行勾画，形成个体业务画像，例如精准销售业务中的用户信贷消费画像、智慧医疗领域的个人健康医疗画像、知识推荐领域的知识消费画像、智慧交通领域的居住出行画像等，如图2-3所示。

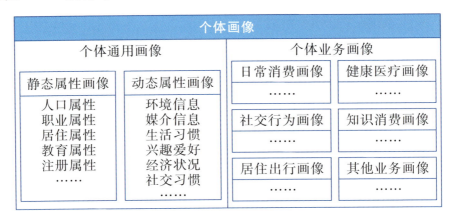

图2-3　个体画像标签构成示例

（2）画像过程　个体画像主要经过数据采集、数据处理、画像建模、画像应用四个阶段（见图2-4）。

①数据采集：个体画像采集是对场景内个体的属性数据的汇集、归纳，包括个体的静态属性数据、动态属性数据。其中，静态属性数据可通过各类业务平台、服务平台、通信平台、消费平台获取；动态属性数据可通过运营商平台、社交平台、消费平台、通信平台、其他服务平台获取。

②数据处理：海量、多源、异构的个体数据被采集后，需经过数据抽取、数据转换、数据清洗、数据融合等数据处理过程，方能生成符合业务需要的可用数据，它是进行个体画像的核心数据来源。

③画像建模：该阶段应用机器学习、深度学习等技术构建个体的特征模型，分析挖掘个体特征，完成个体特征的标签化，即从个体属性数据到特征标签的映射过程。

④画像应用：个体画像结果的实际应用、业务价值，取决于特定业务场景的具体需求，例如针对特定用户的精准营销、个性化搜索、群体用户特征提取、群体用户安全风险识别、群体用户动向趋势识别等。

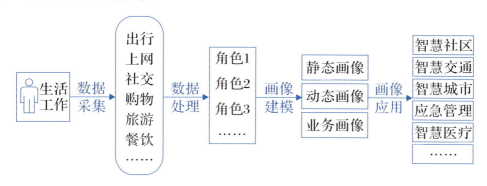

图2-4　个体画像过程

（3）画像分析　个体画像分析是指推断个体特征、性格偏好、行为趋势的过程。目前，个体画像分析算法研究主要集中在性别推断、地理位置推断、兴趣爱好推断、年龄推断等方向，可划分为两大类：第一类研究方法聚焦个体自身属性数据、个体生成数据等显性信息勾画个体画像；第二类研究方法侧重于通过分析个体的社交关系网，对个体的社会关系、社交关系进行抽取，如个体的社交关系、亲属关系、人与人之间的潜在关系等，进而提取个体画像特征，预测其行为趋势。

2. 群体画像

群体画像、社区画像等研究近些年相继出现，但对于这两个概念，目前学术界并没有严格区分。本书统称其为群体画像。

群体（或社区）由一系列具有某种关联关系的密集成员组成，其个体在局部特征上表现出较强的一致性。社区发现技术用于发现网络中相似度高、联系密切的隐性群体,是群体隐性特征挖掘、趋势预测的重要手段。

(1)标签体系　群体画像旨在通过构建群体特征框架,利用画像技术对成员的特征数据进行数据建模、知识挖掘,通过从群体的个体数据中抽取群体的标志性特征,对具有相似特征的个体进行聚类,以解释此类个体的共同特征,分析成员的行为、动机、趋向,进而通过构建不同群体的特征画像,为具体场景的业务应用提供数据支撑,辅助科学决策。

群体画像本质上是成员信息的合集,所以其构成包含成员自然属性、成员兴趣偏好、成员行为属性、关系属性、社区成因、社区资源等特征标签。图2-5为一个典型的群体画像示例。

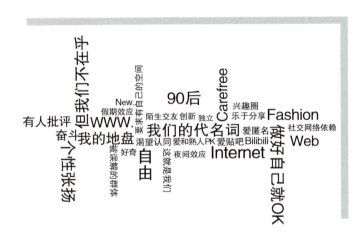

图2-5　群体画像示例

(2)画像过程　群体画像过程经过数据采集、群体识别、画像表示、画像应用四个阶段。

①数据采集:从各类社交网络、服务平台、电子商务、监管平台、社会调查等多种平台或渠道获取用户数据。

②群体识别:该过程对个体数据进行抽取、转换、融合,通过分类、聚类等算法,借助专家知识、行业经验的分析判断,对群体性特征进行提取、识别、标注。通过对个体的显性特征、明确关系特征等进行聚类、分类,即可识别、划分较为清晰的显性群体(即非重叠社区,non-overlapping communities);通过对个体的间接关系特征、用户生成内容、显性社区关系特征等进行分析,利用社区发现算法,可有效识别隐性群体(即重叠社区,overlapping communities)。隐性群体识别过程如图 2-6 所示,社区发现算法的实现过程如图 2-7 所示。相较而言,隐性群体的识别在安全场景中的业务支撑、决策支持作用更为强大、实用。

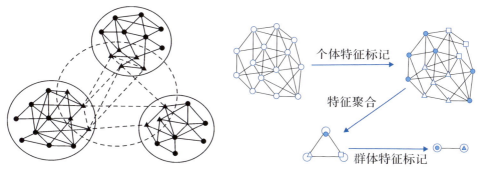

图 2-6 隐性群体识别示意图　　图 2-7 社区发现算法示例

③画像表示:基于群体识别结果,根据具体业务需要,以各种直观、明了的结构化数据、可视化图形将构建的群体画像进行呈现,其目的在于直观揭示群体特征。

④画像应用:群体画像应用于具体业务场景的过程,例如犯罪意图判断、特殊群体安全风险识别、群体推荐、辅助社区发现、辅助决策、网络营销、舆情监测等。群体画像不仅能够有效

构建不同类型的用户画像,更便于从多个维度对个体进行特征分析、抽象分析。群体画像在群体的特征分析、规律分析、动机分析、趋势分析方面优势明显。

3.城市画像

随着社会治理工作的逐步深化,数字孪生、城市大脑等相关技术蓬勃发展,城市的精细化治理逐步成为关注焦点,城市画像技术在城市规划、城市管理等方面的辅助作用越来越受到重视。城市画像旨在通过对城市进行分面建模,用状态数据描述城市的构成对象、对象行为、对象状态变化,以反映其关系特征、时序特征、演变过程,以全景化呈现城市运行状况,搭建全面覆盖城市运行相关领域的城市数字空间框架,以辅助城市管理决策、城市信息服务、智慧城市建设。

构建城市画像应包含以下三个关键要素。

(1)城市画像标签　城市画像标签是构建城市画像的基本元素,是构成城市有机体的"细胞单元",是城市运行过程的数字化映射。

城市画像标签,由与城市运行密切相关的要素——数据构成,包括自然环境数据、城市资源数据、人文历史数据、市政运营数据、交通治安数据、生态建设数据、文教体育数据、卫生医疗数据、生产经营数据等。这些数据可通过实地调研、数据发布、数据共享、智能感知等手段被采集、汇聚,随着时间推移、城市运行而逐步积累,从不同时间、不同空间、不同领域不断丰富城市画像标签体系。

(2)城市分面模型　城市分面模型是对城市进行深入认

知、全面诊断的核心工具。从城市的物理、社会、信息空间数据进行知识提取、知识挖掘，再依据具体业务需求，从不同视角全景化展现城市运行状态、分析城市演变趋势。通过对城市多维、多源、异构数据的整合、萃取、建模和仿真，完成城市画像的构建。为了更好地适应不同领域的业务应用需要，城市画像多以城市分面模型构成，以便从时间、空间、基础环境、经济产业、社会服务、城市能力体系等维度进行城市数据的分解、抽取、融合，形成对城市多场景、多维度、多层次的模型刻画。城市分面模型构建的核心内容包含城市数据组织、城市计算两部分。

①城市数据组织：需要从四个维度着手。第一是数据源。城市数据来自自然生态环境、社会经济产业、城市交通运行、城市市政管理、居民社会交往、城市医疗卫生、城市治安管理、应急救助、文教体育等各行业、各领域，这些数据分别从不同侧面、不同层次、不同领域描绘了城市运行的局部特性。第二是数据获取。城市数据来自自然感知、社会感知两个渠道，通过智能设备感知、人工采集汇聚、互联网感知、应用系统融合等手段完成数据采集、数据汇聚。第三是数据构成。相较而言，城市数据的构成极为复杂，包含空间数据、轨迹数据、文字数据、图片数据、视频数据等构成的结构化、半结构化、非结构化数据。第四是数据特性。城市数据由静态数据、动态数据共同构成，同时具有明显的层次特性、时空特性、领域特性。

②城市计算：对城市数据进行开发、利用的基本方法，也是城市分面模型产生价值的重要途径。城市计算包括四个层次：第一，城市统计素描，基于统计学方法对城市分面数据进行分

类、抽取、聚类、分析,以便挖掘、识别出数据的隐性特征、隐性关系,对城市运行过程进行深层次的特征描绘、价值挖掘、预测分析;第二,城市空间网络计算,借助复杂网络分析的基本方法,对城市节点分布、节点轨迹、信息交互、城市规划、资源体系、组织体系等数据进行充分的挖掘、分析,构建面向不同业务应用场景(如交通规划、土地开发、资源配置、企业选址等)的城市分面模型;第三,城市社交网络计算,对城市运行过程中的组织行为数据、个体行为数据进行复杂网络模型建模,运用复杂网络分析算法、结构平衡理论对城市运行、城市社交进行深入描绘、分析和发现;第四,城市仿真推演,借助仿真模型,结合上述三个层次的分析结果,对城市运行的过程、规律、趋势进行模拟、推演,为城市规划、城市决策、舆情发现、应急处置、出行推荐、资源配置等城市精细化治理场景提供客观依据和辅助支撑。

(3)城市画像应用 此过程借助可视化人机交互系统实现,以便清晰直观地理解城市各要素之间的交互关系和动态发展过程,对城市发展进行多维度、多尺度的评估与预测,辅助城市规划、城市治理。城市可视化的实现工具有 Urban Sim、City Engine、Urban Canvas 等,它们可以有效地将城市数据进行整合,并提供从二维到三维、从静态到动态、从时间到空间的视觉表达。

城市画像是城市精细化治理的必要技术和实现前提。首先,作为城市的镜像,城市画像是城市资源禀赋、关联网络、空间布局、历史演化、能量流动等信息的全程、全景、全息的数字化映射,展现了城市这个"有机体"的全貌;其次,城市画像通过实时的信息、数据、知识的共享,借助数据建模、数据抽取、数据融合等技术,展示城市治理过程中各影响因素的关联关系、传导效应、传播路径,同时为城市各单元的协作、协同提供了良好的沟通、互动平台;第三,城市画像既可以为各行业、各领域提供便捷的服务和支撑,更便于各互动单元在城市治理中的协同、交互;第四,城市画像技术通过对不可复现问题的仿真模拟,辅助城市治理风险的预测、预警,为治理决策提供支撑。

城市画像从自然、社会两个角度构建城市物理属性画像、城市社会属性画像,对城市运转进行全息、全时、全域数字化描绘,从数据、信息、知识三个层级,为支撑城市运行的人居、治安、教育、医疗、交通等各行各业提供数据服务。图2-8所示为城市画像的应用体系。

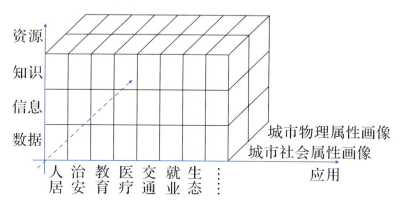

图2-8 城市画像的应用体系

2.2.2 典型场景应用

通过大数据、知识图谱、人工智能等技术的综合应用,打通社会治理中社区治理、公共安全、政务服务、应急管理、食品药品、医疗卫生、精准教育等行业所积累数据的连接通道,实现信息关联。通过大数据分析建模,从海量信息中发现关系,从关系中发现问题和解决问题,完成社会治理数字画像的构建,提高社会治理系统化、科学化、智能化、法治化水平。

1. 社区场景数字画像

社区场景画像旨在挖掘社区中的群体特征、复杂场景等,进而为风险预警、安全管控、及时救助、精准服务等具体业务场景的应用提供数据支撑。社区治理过程涉及社区内人口、车辆、门房梯、水电气热、社区安防等基础数据;特殊人群、重点人员、治安数据、舆情等综合治理类数据;婚姻登记、扶贫救助等民政类数据;住房产权登记、变更过户等住建类数据;企业登记、法人等工商类数据;视频监控等物联感知数据等。

通过传感器获得的物联感知数据,对社区内出现的高空抛物、井盖松动、井盖溢水等异常事件进行数字画像描述,第一时间发出预警信息,通知物业等有关部门,根据事件的发生时间、地点,提供实时的监控画面,使得相关人员可以及时地采取防控措施。通过识别用户行为、热点主题、信息传播等数据,进而预测社区用户的信息传播行为,及时阻断消极的网络舆论,化解矛盾,引导积极的社会舆论。

目前在智能城市建设中,社区治理工作初见成效。杭州已形成11大系统和48个数字化场景,涵盖诸如社区生活、公共安全、矛盾纠纷化解等诸多社区治理场景;上海静安区通过大数据应用创新工程项目建设了一张感知网络,覆盖全区14个街道,涵盖50多万个传感器,助力社区特殊人群监管,独居老人照护,社区管道线路监测,学校、医院等重点场所监测,垃圾分类等百姓需求聚焦的12类精细化管理的精准画像。

2. 公安场景数字画像

在大数据时代，来源于各部门、各警种的海量数据实现了互联互通、关联挖掘，数据信息得以快速转换为高价值的线索、情报，精准服务公安实战。以抓捕罪犯和交通执法为例，描述具体场景下公安数字画像的构建和应用。

快速构建犯罪嫌疑人数字画像。通过将人口基本信息登记系统、视频监控系统、高速卡口记录系统、指纹登记系统等公安内部系统以及社会各行业系统中的数据进行整合，提取有关涉案人员的相关信息，实现对个人身份信息、视频、指纹甚至DNA等数据的融合处理、辨析。在建立人脸目标库的基础上，通过大数据分析模型进行关联分析、分类分析、聚类分析、序列分析等，以及人脸图像检索、验证，形成犯罪嫌疑人员关系图谱、人案关联、家族图谱、人物百科的数描画像，实现快速、高效地寻找目标线索，分析案件与事件的关联、串并案，搜索隐藏在海量数据中的高价值信息。

实时交通违法数字画像。通过摄像头对车辆进行前端抓拍，快速提取车牌、车型、品牌、车身颜色等车辆特征，围绕车辆进行建模，形成对交通违法车主的数字画像，对车主信息、违法识别信息、行车轨迹、违法多发地点等进行分析。

3. 政务服务数字画像

政务服务涉及的业务数据种类繁多，包括人口、法人、空间地理等基础数据资源，社会保障、健康医疗、劳动就业等服务领域的业务数据，还包括政务服务事项、电子证照、网络舆情数据等。面向公众的政务服务，"一人一档"和"一企一档"是数字画像的重要表现形式。通过大数据资源共享和交换的方式，按照人和企业的唯一标识进行数据归集、清洗、存储和动态更新，同时结合人口库、法人库、空间地理库、电子证照库等基础信息库，对数据不断进行丰富和扩展，进而实现提取、聚类、分析等深度数据关联挖掘，形成政务服务个性化数字画像特征"标签"体系。同时，通过 AI 学习的方式对数字画像的用户标签不断进行动态更新，例如建立人生事件标签（出生、入学、毕业、工作、买车、买房、结婚……）、人群标签（儿童、妇女、老年人、帮困对象、残疾人……）、职业标签（学生、医生、教师、保安……）、行业标签（科技、金融、制造、医疗……）等。

以扶贫场景为例，贵州、湖南、甘肃等地打通了扶贫、公安、教育等多个国家部委和省市部门数据，通过数字化标签，建立扶贫场景画像，对贫困户精准识别，分析致贫原因，实现了有针对性的"精准帮扶"。政务服务数字画像更"懂"用户，更"了解"用户，在个人的每个成长阶段、企业的每个发展阶段，主动、精准地提供个性化、智能化的服务推荐，使用户了解什么时间可以办什么"事"，由被动服务向主动服务转变。

4. 应急管理数字画像

应急管理涵盖自然灾害、事故灾难、公共卫生事件、社会安全等业务，业务数据源自应急事件、装备物资、专家队伍、监督管理、监测预警、指挥救援、政务管理等过程。另外，通过电子政务外网与国家共享交换平台对接，获取气象、自然资源、水利、交通运输、海洋、森林等外部单位信息资源。

在风险源管控方面，日常管理主要对非煤矿山、危险化学品、烟花爆竹经营单位等风险源及人员密集场所（学校和养老院）等重点区域进行数字画像分析。通过"一张图"详细查看任意风险源的基本信息、经营状态、风险等级、责任单位、责任人、生产设备清单、历史事故、风险治理情况以及物联监控感知实时情况等风险管控清单。通过就近的减灾救灾装备物资数字画像分析，对救援装备物资的位置、距离、名称、材质、购买年限、类型、出入库信息等进行查看调用，应急管理部门就可以有针对性地做出重点防御和管控，一旦出现突发险情即可快速、高效指挥救援。

在构建"新冠"疫情场景画像中，将重大事件脉络、相关时间与"新冠"百科、"新冠"科研、"新冠"临床、"新冠"防控、"新冠"英雄等进行关联，并对新闻中的一些内容进行相关语义标注，对"新冠"疫情事件在时间上的正向和反向索引起到关键作用，支持事件溯源。在疫情防治过程中，通过建立覆盖全国的患者数字画像，掌控患者的社会关系、活动路径、接触人员等信息，排查潜在传播途径。各地通过电子病历数据库快速检测传染病，进行全面的疫情监测。利用社交媒体数据、问答社区数据，甚至各地区天气变化、各地疾病人群迁徙等特征数据建立一个地区的风险等级数据画像。

5. 食药安全数字画像

食品、药品安全是民生的重点问题，要在生产、仓储、分销、物流运输、市场巡检等各个环节建立食品、药品全生命周期的安全数字画像，"一物一码，物码同追"。利用大数据、区块链技术，国家建立了食品药品安全电子追溯系统,以落实企业主体责任为基础,构建了全品种、全过程的食品药品追溯体系,对食品药品生产、流通和使用环节进行全过程监控,制定每件食药产品独立的"身份证",帮助监管部门实现产品种养、生产、销售、流通、公众服务、物流等环节的数字监管画像,并把这些信息通过互联网、终端查询机、电话、短信等途径实时呈现给消费者。

市场监督管理局通过掌握食品药品流通数据,利用技术手段加强外部信息采集。通过网络舆情定向监测收集所涉企业信息进行有效补充,能够清晰地刻画企业数字画像,判断市场的客观特征和潜在风险,对行业性、系统性、区域性风险进行监测预警,建立精准靶向的监管机制,不断提升监管精准化、智能化水平。

数据画像可以有效解决政府管理的信息缺失问题,实现城市社会全要素、全时段、全过程的信息留痕,为科学、有效、及时地解决城市治理中的问题提供了精准全面的数据,从而提升社会治理的效能。

2.3　安全场景数字画像构建方法

社会治理领域范围广泛,一体化指挥调度技术国家工程实验室根据自身定位和工作,主要从公共安全视角进行讨论研究。基于习近平总书记关于社会治理重要指导思想和社会大数据建设基础,我们理解构建社会治理安全场景数字画像,首先,要以力量到边和力量无边的理念去构建政府和基层自治组织的同心圆;其次,以"人"为核心,以点带面建立社会治理关系网络画像;最后,以"事"为牵引,分级、分类构建社会治理专项场景画像。

2.3.1 力量到边和力量无边

社会治理体系是面向大众的为民服务,其现代化的基础性工作在基层。从指挥控制角度来说,面对复杂系统问题,需要从全局信息共享和力量自同步两方面做到上下结合的分散指挥控制。顶层把握战略全局,带好节奏,自上而下,力量到边,将汇聚资源的指挥中枢能力服务化,向一线、基层赋能;充分发挥基层自主创新的能动性,只有最清楚实际情况的人才能做出正确的决策,引导全局共享信息,使基层力量跟上全局节奏自主协同,从而实现边缘聚能、力量无边。从信息化角度,打通指挥赋能圈与基层服务圈,需要建设无障碍、全面沟通的社会治理平台,从上往下精准切片赋能,从下往上发挥群众力量,真正实现对社会的共建、共治、共享。最终在社会意识形态上引导各类社会主体整合和开放资源,形成政府信息与社会信息交互融合的大数据治理平台,构建民主开放的社会氛围;基层民众参与社会治理协商、社区自治,有助于促进政府与社会之间的协同和合作;社会和民众尊重规则、秩序、信用,有助于培育全社会的公共文明和契约精神。

2.3.2 以人为核心的网络画像

加强和创新社会治理,关键在数据支撑的体制创新,核心是人。所有社会活动均以人为主体,社会治理安全场景数字化的基础是要构建社会各类主体的数字画像,包括基本信息画像,以及人与人、人与物、人与环境等的关系画像。对主体时空属性可以通过各种出入口,即"门",刻画行为轨迹与属性关联。

"门"是数据采集最便捷、最容易收敛的场景,包括社区入口、交通检票口、酒店入口、园区入口等物理门,以及互联网登录验证等虚拟门。物理空间的一个摄像头就是赛博空间的一个虚拟门。在2020年"新冠"疫情抗击过程中,除了手机移动定位,各种"门"记录的人员时空属性信息发挥了重要作用。我们将人、门、时间、空间、交互信息投射到赛博空间,就建立了数字孪生的虚拟画像。

2.3.3 以事为牵引的全息画像

有了人、物的时空属性数字孪生画像,我们就以事为牵引,构建安全场景的分层、分类画像,建立数据流牵引的感知、认知、行动回路。场景数字化的本质就是面向场景、数据驱动,建立"数据-信息-知识"体系描述研究对象。我们可以按照界定场景范围、分析场景要素、明确服务内容、构建数描客体等步骤展开,如图2-9所示。

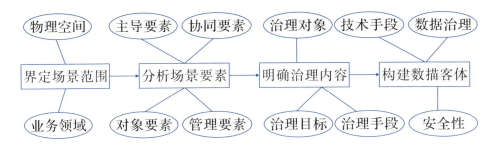

图2-9 场景数字化方法

1. 界定场景范围

在面对复杂系统问题时通常会将问题进行分解,社会治理安全场景数字化可按照物理空间和业务领域两个维度进行组合划分。按照物理空间维度可以采取行政层级划分,其基本单元是社区和网格；按照业务领域，场景可分为矛盾纠纷多元化解、实有人口服务管理、特殊人群服务管理、非公经济组织和社会组织服务管理、社会治安、预防青少年违法犯罪、校园及周边治安综合治理、护路护线联防等。这些业务有的单个部门就可以处理，有的需要各部门协同处理。从表 2-1 可以看出，绝大部分社会治理均在村社和网格落地，所以针对社区和网格的数字化场景是重点。

表 2-1 省级以下综合治理中心业务场景范围界定表

空间	业务条线示例				
	矛盾纠纷化解	实有人口服务管理	预防青少年违法犯罪	社会治安	
村社	场景：村社矛盾纠纷化解 职责：组织协调	场景：村社实有人口服务管理 职责：具体落实	场景：村社预防青少年违法犯罪 职责：具体落实	场景：村社社会治安 职责：组织协调、督导检查、实时监控、分析研判、发展壮大群防力量	逐级考核
乡街	场景：乡镇矛盾纠纷化解 职责：求助投诉联动受理、处理、督办、反馈	场景：乡镇实有人口管理 职责：组织开展	场景：乡镇预防青少年违法犯罪 职责：组织开展	场景：乡镇治安态势 职责：实时监控、分析研判、求助投诉联动受理、处理、督办、反馈	
区县	场景：区县矛盾纠纷化解 职责：求助投诉联动受理、处理、督办、反馈	场景：区县实有人口管理 职责：协调推动、掌握	场景：区县预防青少年违法犯罪 职责：协调、推动	场景：区县治安态势 职责：实时监控、分析研判、求助投诉联动受理、处理、督办、反馈	
市	场景：市矛盾纠纷化解 职责：组织协调，指定处理	场景：市实有人口管理 职责：协调推动、掌握	场景：市预防青少年违法犯罪 职责：协调、推动	场景：市社会治安 职责：协调推动、调查研究（分析）上报建议	

2. 分析场景要素

根据社会治理安全场景特点,我们可以将场景要素划分为主导要素、协同要素、对象要素以及管理要素。主导要素是对当前场景负主导责任的组织、部门或联合体;协同要素是针对场景共同目标,与主导要素协同工作的组织、部门或联合体;对象要素即服务或治理对象,包括群体和个体两个层次,表现为共案和个案两种形式;管理要素是支撑上述要素的制度体系、社会环境以及工具集。

3. 明确治理内容

在明确场景范围和场景要素的基础上,以场景需求目标为导向,进行数据流驱动的要素碰撞和流程重塑。从数据流视角明确目标,细化到具体的人与人、人与物、物与物之间的矛盾关系。

4. 构建数描客体

首先是厘清场景客体数字画像的完备性,需要在数字空间全面地反映对象或要素的实际情况,这直接决定了客体画像在不同场景下可呈现的效果;然后在具体场景中对客体之间的交互关系进行数字刻画。

安全场景数字画像为复杂系统场景认知提供了一种量化手段,其本质是面向场景用大数据技术去刻画对象以及对象之间的交互关系,是从定性到定量的过程。

2.4 定性与定量相结合构建安全场景

我们说场景数字化是从定性到定量的过程,今天因为数字技术我们重视量化，相比传统单纯依靠主观思维进行定性分析的决策是很大的进步。但是，并不是说只要量化了、精确了，就一定科学了，尤其是面对复杂系统问题，要防止片面陷到还原论或整体观里，不能为了量化而量化，为了数据而数据，在正确的科学思维方法论指导下的量化才是真正科学的方法。

我们一直强调面向场景，本质就是马克思哲学思想强调的实事求是。20世纪60年代后，美国在工业化时代和信息化时代的军队管理变革是一个很好的案例。1961年，45岁的福特公司总经理罗伯特·麦克纳马拉出任美国国防部长，他痴迷于数字式量化管理，定量计算和客观分析是他处理问题的法宝，也正是这种极度相信量化和数据的个性，既造就了他在美国国防大改革上的成就，也让他在战争复杂问题上栽了跟头。走马上任后，麦克纳马拉引入了工业部门的量化数据和理性管理方法，从国防管理和采购入手，凭借集权式管理方法和规划评估手段，在发展国家战略和防务问题上做出突出贡献，将美军真正带入工业化时代。但是，面对战争复杂问题，麦克纳马拉同样采用工业时代简单系统的分析方法，这就陷入了机械唯物论，迷信数字、迷信量化，将精确等同于科学，直接导致他在越战中的战略失误，并因此下台。我们在第1章复杂性科学中讲到，钱学森先生对系统有个划分，有些系统体系看起来很庞大，但是本质上属于大系统或者简单巨系统，并不复杂，此时量化精确的方式可以很好地解决问题。但是，遇到复杂系统问题就需要定性、定量相结合的复杂科学支撑。麦克纳马拉用数据和流程拯救了福特公司，并使美国国防部从混乱走向强盛，但是他没有考虑到管理过度化会减弱公司和军队的活力,对成本的过度控制会扼杀创新。复杂系统管理问题不是线性思维覆盖的,必须要用复杂系统思维进行认识和理解。

因此,我们在构建社会治理安全场景大数据基础支撑体系的时候,还要保持客观的认知。社会治理的主体和客体都是人,人有感情、有思想,并且时刻变化。大数据不是万能的,不能完全掌握人类认知域的情感和思想。而且如何运用大数据,核心还是在于人。结合技术和社会环境、场景认知,定性、定量相结合,才能使大数据的价值得到充分发挥。

第 3 章　一体化指挥调度

> 我们完全可以建立起一个科学体系,而且运用这个科学体系去解决我们社会主义建设中的问题。
> ——钱学森

"一体化指挥调度"源于社会公共安全领域。中国通信学会公共安全通信委员会主任委员、公共安全信息化专家牛晋先生给出的定义为,使用信息化手段以及与信息化相适应的工作机制,将互不相同、相互补充、互不隶属、相对独立的指挥要素、执行力量以及相关资源有机地融合为一个整体,以实现组织策划的目标。从研究领域和定义可以看出,一体化指挥调度是管理与技术的融合,将为社会治理复杂系统场景数字化提供理论、方法、技术、标准和工程体系支撑!

本章重点从科学基础、方法论、技术体系、工程实践等方面详细介绍一体化指挥调度的内涵与外延。科学基础溯源,"赛博"诞生于社会科学,系统阐述生物学和机器智能领域的问题,落地于机械和电机系统控制的工程科学,衍生出军事指挥与控制、复杂系统工程,今天通过一体化指挥调度反馈社会治理;同时源于毛泽东军事思想的"OODA"环,是认知决策过程方法论,在社会治理复杂系统场景认知中具有普适性;从认知过程的数据流视角,本书提出了"感知、认知、行动、保障"四域的技术体系及主要应用研究方向;基于钱学森开放复杂巨系统思想,结合当前数字孪生、人工智能技术的发展,本书提出了"面向场景、数据驱动、平台支撑、脑+端、人机融合"的工程实践之路。

3.1 科学溯源

一体化指挥调度从学科上属于指挥与控制科学,理论思想起源可追溯至"赛博"。"赛博"一词源于1834年法国物理学家安培在《论科学的哲学》中使用的法语"cybernetique",本意是"civil government",也就是"管理国家的科学"。因此,可以说"赛博"思想诞生于社会科学,而这一点恰恰与一体化指挥调度今天所研究和解决的社会治理复杂系统问题一致。

3.1.1 赛博控制论

更被大家所熟知的"赛博"是1948年诺伯特·维纳创立的"Cybernetics",即赛博控制论,其代表作还有个副标题:关于在生物和机器之间控制和通信的科学。可以看出维纳把赛博从社会科学扩展到了生物学和机器智能,也就是人工智能(aitificial intelligence)中的行为主义学派。这样,"赛博"作为一个学术术语就有了系统性、技术性的阐述。我们今天都把维纳作为控制界的鼻祖,他是一位博学、富有远见卓识的科学家,有许多非凡想法,非常实际又颇具哲理性。赛博控制论的灵感来自第二次世界大战期间对德国导弹的防御思考,由于空中作战力量的出现,战争进程在很大程度上被加速。为了击落轰炸机和战斗机,需要更快的弹道计算,更快、更准的射击,更快、更持续的通信。

赛博控制论由三个主要思想构成:控制、反馈和人机融合。控制,在某种程度上可以理解为系统能够与环境交互进而塑造环境的能力。环境数据通过"输入"进入系统,系统通过其"输出"影响周围环境。我们知道信息论中的"熵"是一种对信息的无序、不确定、退化和丢失的测量方法。自然界的熵始终在增加,万物都有一种逐渐退化至无序状态的倾向,阻止或转变这种趋于失序的倾向就需要控制。维纳认为反馈描述了任何一种机制使用传感器接收实际性能信息,而不是预期性能信息的能力。这种机制可能非常简单,例如转动炮塔;也可能非常复杂,例如人类体温自我调节。反馈往往是对抗系统正在发生的改变,使其保持一种希望的稳定状态,使用过去的性能来调整未来行为的一种属性(见图 3-1)。维纳认为飞行员和轰炸机是一个整体的伺服系统,如果扩大一下系统外延,防空高射炮也可看作是这个伺服系统中的"动态系统";外延再进一步扩大,这个伺服系统则由大量的人类操作员和复杂性机理共同组成,并与日益增加的熵作斗争。维纳的人机融合理论一方面将机器拟人化,另一方面又通过机器对比研究人体生理学,将人类机械化,激发了丰富的想象力。

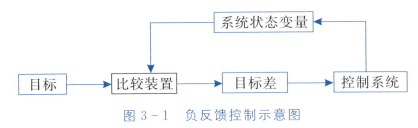

图 3-1 负反馈控制示意图

2017年,维纳奖获得者、中科院王飞跃教授的团队翻译了托马斯·瑞德的《机器崛起》,书中全面分析回顾了赛博控制论的创立过程。中国指挥与控制学会戴浩院士、秦继荣秘书长等专家学者都从不同视角对赛博的内涵与外延进行了解读。赛博就像一条变色龙,不同时期不同的人可能有完全不同的解读。除了作为专有名词,"cyber"还成为一个通用前缀,组成很多新词,例如,cyberculture、cyberpunk、cyborg、cyberspce、cyberwar等都进入词典,甚至成为引领时尚的词汇。可以说赛博控制论内涵丰富,既有深奥的数学公式,也有时尚的工程术语,还有对未来的大胆预测。比如机器将比人更聪明,工业革命将造成大脑的贬值等,很多思想理念都促进了日后人工智能、虚拟现实、信息安全等学科的发展。我们回看"人工智能"的起源,很少有人知道,当初在为"机器智能"命名时,"cybernetics"和"artificial intelligence"之间的争论持续了很多年。王飞跃教授在2016年编写《人工智能名人堂》时指出,"人工智能"原本是作为"机器大脑"和机械认知的"控制论"而涌现的,1955年年轻的约翰·麦卡锡为了避免与维纳的纠缠,避免使用"控制论"而想出这一词汇,进而才有了1956年的达特茅斯人工智能研讨会,从此人工智能作为一个独立的研究领域正式面世。麦肯锡和他的同事尼尔斯·尼尔森后来对人工智能做出了另外一种解释——automation of intelligence（智能的自动化），该见解更是与维纳的赛博控制论思想一脉相承，也解释了从工程角度看，人工智能的实质就是知识自动化。

3.1.2 指挥与控制

指挥、控制本来是两个术语，一个偏管理，一个偏技术。但是在军事领域指挥与控制（Command and Control，C2）是一个术语，其诞生于1951年的朝鲜战争期间。美国总统杜鲁门与麦克阿瑟将军，一个是三军总司令，一个是联合国军总司令，围绕指挥权与控制权的界定产生了分歧。朝鲜战争开战不到10个月时间麦克阿瑟就被撤职，他还是通过收音机广播听到的这一消息。从此，在军事领域，指挥与控制被认为是一个有机整体。自海湾战争以来，面向高科技战争的军事需求，指挥与控制理论、技术和系统工程发展迅速，从C2、C3、C3I、C4I、C4ISR到C4KISR（指挥—控制—通信—计算—情报—侦察—监视），涵盖感知、认知、行动、保障全流程（见图3-2）。指挥与控制本质上是复杂性科学与工程问题，不存在一劳永逸的解决方案，只能根据其面对的新问题、新发展，不断地去重新认识指挥与控制的元素、过程与对象。在当前阶段，其本质问题可归纳为如何解决复杂系统所面临的不确定性（uncertainty）、多样性（diversity）和复杂性（complexity）。美国CCRP（Command and Control Research Program）提出，针对特定任务和使命的灵捷、聚焦、收敛（Agility，Focus，and Convergence，AFC）是未来指挥与控制的核心。

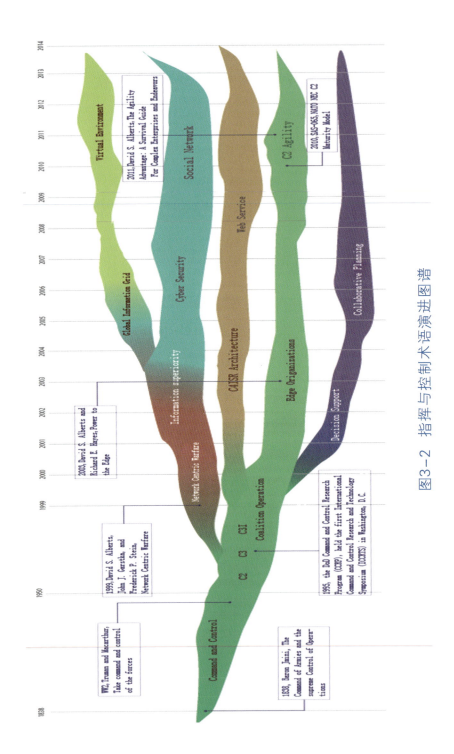

图3-2 指挥与控制术语演进图谱

中国指挥与控制学会组织编写的《指挥与控制学科发展报告》给出了指挥与控制的清晰定义：综合运用数字化、网络化、智能化等技术,通过情报综合、态势分析、筹划决策、行动控制的动态迭代过程,对军事和公共安全领域的对抗性、应急性、群体性行动进行组织领导、计划协调、监控调度的活动。指挥与控制学科是关于指挥与控制的理论、方法、技术、系统及其工程应用的学科,是在指挥与控制认识和实践过程中所形成的专门的知识体系,是控制科学、信息科学、军队指挥学、系统科学、复杂科学、智能科学、认知科学、数学、管理科学等多学科交叉融合的一门综合性、横断性学科。指挥与控制学科涵盖了作战指挥与控制、非战争军事行动指挥与控制,以及治安维稳、抢险救灾、应急处置、交通管理等公共安全与民用领域的指挥与控制,学科发展的主体涉及军队、高等院校、国防工业部门、研究院所、智库等,力量结构呈现多元化特征。

近几年来,随着世界军事变革、国家战略调整、社会治理需求以及信息技术和武器装备技术的发展变化,指挥与控制学科的发展体现出"基于网络信息体系、面向多域精确作战、强调任务式指挥和武器实时控制、突出数据驱动和知识指导、注重人机混合智能和无人自主协同"的阶段性特征。

3.1.3 工程科学

"反馈"是赛博控制论的核心,维纳将机电伺服系统的物理反馈现象扩展到生理神经上的"目标性行为"、哲学上的"循环因果律"及"循环逻辑",认为人类、生物和智能机器等都是通过"由负反馈和循环因果律逻辑来控制的目标性行为"来实现自身目的的。这种"反馈"不是用纯数学方程定义去理解，而是在工程实践中的应用。这一点恰恰反映在1954年钱学森先生的《工程控制论》中，面向机电系统，将隐性的反馈变成数学和工程上的显式反馈机制。钱学森先生又进一步把伺服机构和经典控制等"工程实践"升华为"工程科学"，《工程控制论》在某种意义上成了现代控制科学的代名词。一位美国专栏作家曾这样评论《工程控制论》："工程师偏重于实践，解决具体问题，不善于上升到理论高度；数学家则擅长理论分析，却不善于从一般到个别去解决实际问题。钱学森则集中两个优势于一身，高超地将两只轮子装到一辆战车上，碾出了工程控制论研究的一条新途径。"中国系统工程学会副理事长于景元研究员认为："工程控制论已不完全属于自然科学领域，而属于系统科学范畴。自然科学是从物质在时空中运动的角度来研究客观世界的。而工程控制论要研究的并不是物质运动本身，而是研究代表物质运动的事物之间的关系，即这些关系的系统性质。因此，系统和系统控制是工程控制论所要研究的基本问题。"

钱学森结合我国实际情况，把科学技术、组织管理与体制机制的创新有机结合起来，开创了一套既有普遍科学意义、又有中国特色的系统工程管理方法与技术。在研制体制上，将研究、规划、设计、试制、生产和实验一体化，在组织管理上总体设计部署两条指挥线的系统工程管理方式。总体设计部组织专门部门对各个分系统的技术难题进行技术协调、统筹规划、总体设计，总体设计的合理性优先于单项技术的先进性；技术、行政两条指挥线,技术专注研制,行政负责调度,走出了一条发展我国航天事业的自主创新和协同创新道路。从20世纪80年代开始,钱学森把全部精力投入到学术研究,建立了系统科学体系,提出了包括人体系统、社会系统等在内的开放复杂巨系统及其方法论,把系统科学体系推向了复杂巨系统科学体系。尤其是人机结合的综合集成思想与综合集成方法的形成与提出,更是一场科学思想和科学方法上的革命,其意义和影响广泛而深远,具有极为重要的科学价值和实践意义。由于当时机器智能技术发展的局限性,综合集成研讨厅这一颠覆性思想在实践中没有得到充分发挥。实际上人机结合一直存在,我们熟知的"深蓝""AlphaGo"等智能系统在人机博弈过程中,程序员也一直都在参与、思考、优化调整机器算法,只是我们没有把人作为反馈回路中一个重要环节来整体考虑决策体系。今天随着数字孪生、人工智能技术的发展,我们需要与时俱进,重新认识"人在回路的综合集成研讨厅"思想。图3-3描述了"人机结合"的综合集成方法。

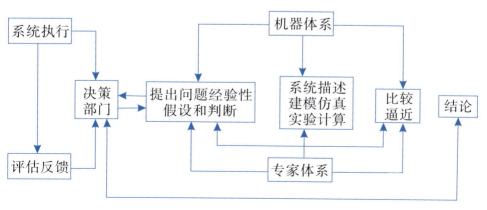

图3-3 "人机结合"综合集成方法示意图

钱学森的研究领域从工程、技术、科学到哲学不同层次，跨学科、跨领域交叉融合，从工程控制论到系统工程，再到工程科学，是从工程实践到科学理论的升华，是"控制论"向"赛博"的回归和溯源。1999年10月，在国务院、中央军委授予钱学森"国家杰出贡献科学家"荣誉称号的大会上，钱学森说："我们完全可以建立起一个科学体系，而且运用这个科学体系去解决我们社会主义建设中的问题。我在今后的余生中就想促进这件事情。"他认为今天的科学技术不仅仅是自然科学工程技术，而且是人认识客观世界、改造客观世界的知识体系，系统科学的出现是一场科学革命，1845年安培提出的管理国家的科学——"赛博"设想，今天在我们社会主义的中国是可以实现的。

3.2 方法论认知

3.2.1 "OODA"环

20世纪70年代，美国空军上校约翰·包以德提出了著名的指挥决策方法论"OODA"(Observe、Orient、Decide、Act)环，也叫"包以德环"(见图3-4)。他把作战问题分析过程归纳为观察、研判、决策、行动四个环节，作战指挥就是四个环节的不断循环优化。"OODA"环反映的是体系综合能力，四个环节演化周期越短，代表了从发现到处置的应急响应速度越快。

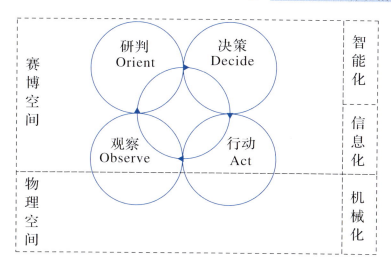

图3-4 "OODA"环示意图

从空间数据流视角看OODA环,今天大家都在说数字孪生、信息物理系统(Cyber–Physical Systems,CPS),空间可以分为物理空间和赛博空间,"感知观察"和"行动执行"就是两个空间交界的活动。物理世界的变化一直在发生,这些变化可以理解为客观存在的、未被感知到的隐性数据,"感知观察"就是解决数据从隐性到显性的问题,回答"现实中发生了什么",这是数据链条的第一环节。"分析研判"也可以叫"态势分析""态势研判",就是要通过数据的处理、融合形成态势,这是数据到信息的过程,要回答"为什么会发生,接下来会怎么样,趋势是什么"。"科学决策"是认知智能的核心,从信息到知识,回答"该怎么办"。当前随着智能技术的发展,我们要充分利用专家经验知识、机器智能、群体智能,从主观思维决策到智能辅助决策,形成定性、定量相结合的科学的认知决策优势,这也是钱学森先生提出的"人机结合综合集成研讨厅"思想。最后,"行动执行"让知识决策变为行动,反馈到物理世界,完成数据优化的闭环。

从机械化、信息化和智能化的视角看,机械化主要是在物理空间延伸了人类的行动能力;信息化是在赛博空间延伸人的感知分析能力;智能化延伸我们的研判决策认知能力。随着万物互联、虚实结合、人机共融,信息化向智能化发展,感知快、研判快、决策快、行动快,不论在军事作战方面还是在社会治理、企业管理方面都将迎来新的质的飞跃。

3.2.2 指挥与数据体系融合

从业务视角看数据、信息、知识、系统之间的关系,首先,从感知获取数据开始,需要网络互联,"万物互联"就是要解决物理空间的数字化,实现数据的显性获取;底层感知的细粒度数据经过协议转换、标准化分类、加工处理,成为支撑业务数字化的信息,不同业务系统之间交互的是加工后的业务信息,而不是底层细粒度的物理数据。我们说数据驱动的业务优化,本质上就是自下而上,从数据到信息的优化过程。前面内容中我们提到,平台经济从社交互联网、消费互联网迈向产业互联网时代。与社交互联网、消费互联网不同的是,产业互联网的核心在于行业知识的积淀和共享,这些知识是迈入智能化时代行业认知决策的关键,所以说"知识共享、生态平台"将是产业互联网的典型特征。但是,目前很多行业中的显性知识,往往都沉淀在经验丰富的老专家脑海里,还有大量的隐性知识在数据和信息里没有被发掘出来。因此,如何构建知识交互共享的生态平台,把这些知识数字化、形式化、显性化积累和传承,是当前的关键任务。在数据互联、信息互通、知识共享的基础上，就有望实现人机融合智能化、系统化、一体化智慧应用体系。

我们再从指挥管理和数据支撑的体系视角看（见图3-5），"指挥管理"是自上而下的G端（政府端）思维，强调顶层设计、体系规划，这本身也是G端的职责所在。要保证全局系统性的稳定，需要自上而下的管控，通过制定体系标准和机制制度来解决系统之间的不确定性交互问题。关于指挥管理方式变革一直是一个热点话题，美国耶鲁大学的皮尔洛教授把指挥控制分为五类：全部集中指挥控制、集中指挥分布执行、协同指挥控制、分散指挥控制（任务式）、无组织指挥控制。皮尔洛分析对比了每一个指挥控制方法的优缺点，并指出，对于复杂不确定性系统而言，更适合分散指挥控制方式。这种分散指挥控制方式要做到全局信息共享和力量自同步，由全局共享信息引导，各组织力量无需上级指令就可跟上全局节奏自主协同，基层组织创新性可以得到极大发挥。过去由于难以实现信息共享，所以只能由汇聚信息的指挥中心集中控制，但与此同时，各种不确定性和交互摩擦也被集中起来，反而造成了更大的不确定性和阻碍。"去中心化"并不是信息化建设的初衷，却是技术进步的趋势，符合复杂系统不确定性规律，只有最清楚实际情况的人才能做出正确的决策。华为创始人任正非先生提出未来的战争是"班长的战争"，由冲在一线的人决定胜负，管理人员要当好"少将连长"，既要有全局，又要在一线。今天在管理思维中，"云端赋能、力量到边"的理念越来越清晰，自上而下的指挥管理体系向赋能体系转变,将云端聚集的系统能力服务化,为一线、为边缘、为端赋能,力量下沉。

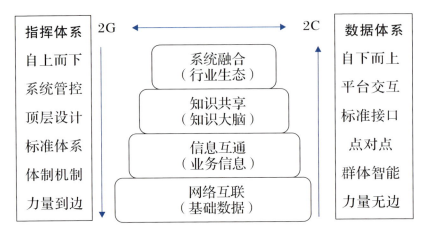

图 3-5　指挥赋能体系与数据支撑体系

互联网平台经济催生了 C 端(用户端)思维,自底向上通过标准接口实现点对点交互,更加注重交互平台。利用 C 端的群体参与,充分发挥数据汇聚的平台优势,快速形成数据支撑体系,达到"力量无边"的效果。网络的本质是连接,万物互联构成全要素系统,人类社会亦是如此。每个人都是社会网络中的一个节点,网络生态的交互演化有积极增强的,也有消极削减的,需要辩证的科学思维指导,定性、定量相结合去认识这种复杂系统的动态发展和相互联系。面对社会治理复杂系统问题,需要将自上而下的指挥赋能和自下而上的数据服务两个体系思维有机结合,在平时发挥基层、大众群体交互的自组织涌现优势,自下而上逐步构建起"科技智治"的大数据支撑体系,同时在面对影响全局的重大风险危机时,又可以发挥统一指挥、统一部署、力量到边的群体性管控优势。**可以将信息化建设理**

解为数字化、网络化和系统化,始于技术,成于管理。数字化是为了网络化,网络化的目的是系统化,系统化的核心在于它要催生管理的变革。面向场景的信息化建设不是仅仅局限在信息技术的应用,更应该体现在催生指挥体制和决策管理的变革,这才是根本目的。

3.3 "四域"技术体系

一体化指挥调度技术体系涉及信息通信、人工智能、指挥与控制等多个学科专业方向。从历史演进来看,无论是形式还是内容,信息通信技术的每一次革命都带来一场交互的重大变革。信息与通信工程是研究信息获取、变换、存储、传输、交换、显示、测试理论及工程应用的学科,专业技术涵盖电信网络、移动通信、光纤通信、数字通信以及各类通信IT,是现代高新技术的主要组成部分和信息社会的主要支柱。一体化指挥调度的核心就是面向场景,通过交互完成过程和资源的组织、协调和执行。因此,信息通信技术是基础。中国人工智能学会将智能科学与技术划分为由脑认知基础、机器感知与模式识别、自然语言处理、知识工程构成的内涵,以及由机器人、各类智能系统构成的外延。指挥与控制科学研究的对象是复杂系统,是控制科学、信息科学、军队指挥学、系统科学、复杂科学、智能科学、认知科学、数学、管理科学等多学科交叉融合的综合性学科。

基于一体化指挥调度的数据流视角(见图3-6),我们可以从感知域、认知域、行动域和保障域四个方面来构建技术体系。本节主要介绍一体化指挥调度技术国家工程实验室面向场景重点关注的技术应用发展方向,通信、计算、系统及端应用等平台支撑类通用技术在此不做赘述。

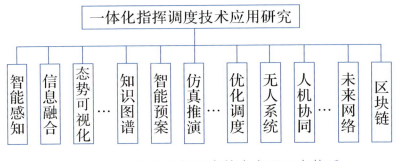

图 3-6　一体化指挥调度技术应用研究体系

3.3.1　感知域技术

感知域是解决数据在哪里,以及如何获取的问题。智能感知、信息融合、态势呈现等技术应用是当前研究的重要方向。

1. 智能感知

通过智能芯片、传感器、边缘计算等技术实现智能感知。随着传感器技术的不断发展,物理世界的视频、声音、光照、温度、振动、有害气体等正逐步被数字化,实现了数据的采集和预处理;智能芯片、边缘计算等技术的发展,实现了数据特征抽取和智能分析识别能力的前移,从云智能到边智能,甚至是端智能。

公共安全领域涉及的智能感知识别技术较多。其中,指纹识别、烟雾及有害气体探测、生命体探测、无线射频技术(RFID),以及疫情期间应用广泛的红外测温等技术已相对成熟,基于人工智能及信息融合的图像识别、语音识别、车辆识别、虹膜识别、人体行为和车辆行为的识别及视频结构化等技术,是当前研究的主要方向。

(1)图像/语音识别技术　在面向场景的实际应用中,以深度学习为代表的连结主义人工智能技术,在智能感知方面表现出巨大优势。尤其是图像识别、语音识别等技术领域,在国内外研究机构的持续推动下,AlexNet、VGG、GooGleNet、ResNet等优秀模型相继提出,识别精度取得了突破性进展。其中,微软提出的ResNet模型在2015年ImageNet竞赛中达到了96.43%的正确率,超过了94.9%的人类识别水平;2016年10月,锤子手机在发布会上,科大讯飞的语音识别精度达到了惊人的97%;同一天,微软宣布其英语语音识别转录词仅为5.9%,达到了专业速录员水平。另外,随着深度学习算法的广泛应用,人脸识别正确率已经普标高于99%,尤其是近红外人脸识别与可见光结合、3D结构光等技术的发展,给人脸识别技术带来了重大突破,已达到了工程化应用水平,并在人员追踪、身份认证、移动支付等实际应用中取得了良好的效果。

(2)车辆识别技术　以卷积神经网络的经典结构AlexNet、GoogleNet、ResNet等为基础,结合SVM分类器、多特征融合技术、边缘特征识别技术、基于Haar特征识别、无线射频技术(RFID)等相关技术的研究和应用,使车辆识别效率得以极大提升。

(3)虹膜识别　虹膜识别领域的主要技术分支包括移动端虹膜识别、虹膜图像采集、虹膜图像质量评价、虹膜定位、虹膜防伪、虹膜特征提取和匹配。这些环节的标准化、规范化,为虹膜识别技术规模化应用提供了基础保障。

（4）人体行为识别　在人体行为识别领域,双流卷积神经网络、图卷积神经网络、长短期记忆神经网络、深度学习算法、多维数据融合模型等正在成为技术研究的主流方向,能够同时获取不同尺度的时空信息,提取更丰富的人体行为特征,可有效识别不同时间周期、不同动作幅度的人体行为。

（5）车辆行为识别　车辆行为识别技术的研究逐渐集中在车辆行为的分类和识别、车辆驾驶习惯的识别等方面,技术方向主要集中在卷积神经网络、长短期记忆网络、深度学习算法、条件随机场（CRF）算法等方面。

（6）视频结构化　视频结构化描述（Video Structured Description,VSD）是一种视频内容信息描述技术,它对视频内容按照语义关系,采用时空分割、特征提取、对象识别等处理手段,将其组织成可供计算机和人理解的文本信息,进行目标检测、目标跟踪和目标属性提取。

2. 信息融合

面向场景运用信息融合理论与技术,实现多源异构态势信息融合。信息融合或数据融合是态势感知环节中多源异构信息的处理过程,目的是构建连续、完整、一致的综合态势信息,以支持研判决策。随着万物互联、交互方式的多元化,面向大规模异构数据源的分布式信息感知与融合、基于知识认知的信息融合、目标意图和行为模型预测、基于上下文的信息融合等理论和方法成为重要技术支撑[24]。

信息融合技术主要有数据融合理论方法、多探测器不完全测量数据融合的算法、专家系统在数据融合中的应用技术、目标自动识别方法、并行处理技术在数据融合中应用、数据融合中信息的可靠采集、分析和资源保护安全技术等研究方向。按照数据抽象的不同层次，融合可分为三级，即像素级融合、特征级融合和决策级融合。

(1) 像素级融合　像素级融合是指在原始数据层上进行的融合，即各种传感器对原始信息未做很多预处理之前就进行的信息综合分析，这是最低层次的融合。

(2) 特征级融合　特征级融合属于中间层次，它对来自传感器的原始信息进行特征提取，然后对特征信息进行综合分析和处理。特征级融合可划分为两类：目标状态信息融合和目标特性融合。目标状态信息融合主要用于多传感器目标跟踪领域。融合系统首先对传感器数据进行预处理以完成数据校准，然后主要实现参数相关和状态向量估计。目标特性融合就是特征层联合识别，具体的融合方法仍是模式识别的相应技术，只是在融合前必须先对目标特征进行相关处理，把特征向量分类成有意义的组合。

(3) 决策级融合　决策级融合是一种高层次融合，其结果为指挥控制决策提供依据。因此，决策级融合必须从具体决策问题的需求出发，充分利用特征融合所提取的测量对象的各类特征信息，采用适当的融合技术来实现。决策级融合是三级融

合的最终结果,直接针对具体决策目标,融合结果直接影响决策水平。

基于数据融合的智能感知在可靠性、准确性、鲁棒性、经济性方面具有明显优势。系统中各传感器彼此独立地提供目标信息,任一传感器的失效或受到外界干扰而探测不到某目标时,并不影响其他传感器的工作性能,通过冗余配置可大幅提高系统感知的可靠性和鲁棒性。同时,通过获取同构传感器、异构传感器之间的数据,利用原理各异、空间互补的多源数据融合,大幅提高系统感知的精确性和准确性。另外,通过同构传感器空间互补、异构传感器优势互补,可以用较低成本实现更高性能的智能感知,为系统带来极大的经济效益。

3. 态势呈现

态势呈现能综合运用地理信息、3D 建模、人机交互等技术实现态势可视化,直观呈现关键数据信息和状态趋势。随着 VR/AR/MR、3D 影像、全息影像等立体化沉浸式交互技术的发展,可实现基于高精度模型和智能算法的多维度、全时空人机深度融合态势的无缝感知。数据可视化就是让数据说话,是科学、艺术和设计的结合。人机可视化交互实际上是激发探索的过程。著名可视化设计师莫里兹·史蒂芬说,数据可视化不仅有助于大众更好地理解复杂问题,还可提供被讨论、反馈或仅供反思的视觉对象。

态势信息在指挥调度工作中的作用日益突出,当前逐步形成了以地理信息技术、消息分发技术、热点随动技术、虚拟组织技术、知识发现技术、联通公用移动网络、多媒体融合通信技术为主流的技术支撑体系,这些技术都在提升态势感知、态势分析、态势研判能力,助力态势可视化研究的快速发展。公共安全领域的态势可视化进一步可细分为报警可视化、现场可视化、警力可视化、处警可视化、指挥扁平化、情报可视化、布警动态化、作战合成化、处置规范化、通信现代化、指挥流程化、统一通信、统一定位、视频监控、4G图传等技术方向,极大地提升了指挥调度中的态势共享、态势分发能力。情报态势在指挥调度领域的应用模式,在辅助决策中的应用框架已逐步形成。

态势感知(Situation Awareness,SA)是态势可视化的关键技术。态势感知是一种基于环境的、动态的、可整体洞悉安全风险的能力,是以安全大数据为基础,从全局视角提升对安全威胁的发现识别、理解分析、响应处置能力的一种方式,最终是为了决策与行动,是安全能力的落地。

早在20世纪80年代,美国空军就提出了态势感知的概念,覆盖感知(感觉)、理解和预测三个层次。90年代,态势感知的概念开始逐渐被接受,并随着网络的兴起而升级为"网络态势感知(Cyberspace Situation Awareness,CSA)。它是指在大规模网络环境中对能够引起网络态势发生变化的安全要素进行获取、理解、显示以及最近发展趋势的顺延性预测,而最终的目的是要进行决策与行动。

随着网络安全重要性的凸显,态势感知开始在网络安全领域崭露头角。2009年,美国白宫在公布的网络空间安全战略文件中明确提出要构建态势感知能力,并梳理出具备态势感知能力和职责的国家级网络安全中心或机构,覆盖了国家安全、情报、司法、公私合作等各个领域。

3.3.2 认知域技术

认知域是解决数据怎么用的问题。知识图谱、智能预案、仿真推演等技术应用是当前研究的重要方向。

1. 知识图谱

知识图谱基于语义网络、知识表示、本体论、自然语言处理等多技术基础,用图模型来描述知识及其关联关系。行业知识图谱构建就是要通过对行业知识的形式化、标准化封装与重构,实现一致性理解,进而基于群体智能完成行业知识的共享与沉淀[25]。

基于深度学习的知识图谱的构建技术广泛使用,其要点是将某一领域的数据信息通过深度学习算法构建"实体—关系—实体"的三元组模型,并将其存储在图结构数据库中。一种典型的基于深度学习的知识图谱构建流程如下。

(1)数据采集 采集数据一般可以采用网络爬虫、数据库获取、人工制作数据或者在相应官网上下载处理过的数据等方法。采集的数据一般有三种形态:结构化数据、半结构化数据和非结构化数据。

(2)知识抽取 知识抽取主要包括三个步骤:命名实体识别、实体关系抽取和属性抽取。

(3)知识融合 通过知识抽取工作获得的三元组往往有一定程度的错误信息,因此会有被错误识别的实体或被错误分类的关系。为了提高知识图谱的置信度,需要对其进行处理,主要方式有实体消歧、共指消解和知识合并。

(4)知识加工　事实本身并不等于知识,要想最终获得结构化、网络化的知识体系,还需要经历知识加工的过程。知识加工主要包括三方面内容:本体构建、知识推理和质量评估。

(5)知识更新　知识是不断更新迭代的,构建好的知识图谱需要不断地进行更新。更新方式一般有两种:全面更新和增量更新。

基于深度学习的知识图谱构建技术主要如下。

(1)数据采集　基于Python网络爬虫的数据采集。

(2)词向量训练　word-embedding训练,包括CBOW、Skip-gram模型以及哈夫曼树和负采样加速方法。

(3)命名实体识别　RNN、BiRNN、LSTM、BiLSTM、CRF等。

(4)实体关系抽取　基于CNN的关系分类,基于依存关系模型的关系抽取。

(5)联合实体与关系抽取　复合神经网络模型Bi-LSTM+CRF+CNN,端到端(end-to-end)模型,注意力(attention)机制等。

(6)深度学习框架　Tensorflow。

(7)数据标注　特征工程。

(8)图数据库　较为流行的图数据库有Neo4j、Titan、OrientDB和ArangoDB。

2. 智能预案

预案是面向问题场景行业知识的集中体现，涉及场景基本要素、业务流程、反馈优化。智能预案就是要通过知识图谱和机器学习等技术，自动识别、提取已有预案文本中实体关系要素和组织框架，形成结构化的预案生成知识模型，通过面向场景的智能分析匹配实现预案动态规划和任务资源的调整优化。

目前大多预案主要针对某一类场景进行处置方式和资源调度的规划，通常是以纸质或者电子文件格式存储。但事件的发生具有不确定性和环境复杂性的特征，专家个人的知识积累很难完全考虑到所有可能发生的情况并综合判断，特别是需要多个单位和部门配合时，理解的差异性也会给预案的质量造成影响，导致预案制定时间长、质量差、共享难、应用难等问题。智能预案是利用人工智能、知识图谱等相关技术，将现有预案样本中的专家知识、领域规则、案例数据，通过实体关系建模、抽取融合，综合多部门、多领域专家的知识构建预案知识库，实现预案知识的人机共享、信息对等和重用。智能预案主要有如下构建方法。

（1）基于本体的预案建模构建方法　预案本体建模，是将预案中相关知识和所涉及的各要素抽象为实体，并对实体之间的关联关系进行定义，将非结构化或者半结构化预案文本信息结构化为关系型的预案知识信息，目的是实现预案知识的共享与重用。

（2）预案知识的实体识别和抽取技术　预案一般为纸质的

非结构化的文本信息,或者是经过一般结构化处理的基于数据库的半结构化的数据,通过本体模型或者手工处理的方式确定实体以及实体间的关系,然后使用识别算法和抽取算法实现预案知识的自动抽取和结构化存储。

(3)基于知识的智能预案生成技术 预案生成主要根据现有的案例、业务规则或者现有的知识本体和专家知识库,结合现有的场景及对象,使用预案匹配和预案推理技术自动生成预案。有相似案例的预案主要是用匹配算法获取最相似案例,通过通用修改生成预案;无相似案例的,结合知识库,根据任务规划技术生成预案。

(4)基于扩展层级任务网络的行动方案智能规划 针对任务分解问题,基于扩展层级任务网络的任务分解方法,在扩展HTN框架下,首先构建规范化的电子对抗任务描述模型,并建立任务列表;其次构建任务分解模型,设计任务分解算法,并采用启发式前向搜索算法求解任务分解模型;最后通过具体的任务分解问题,验证分解方法的有效性。

(5)不确定性问题行动方案智能规划 从HTN规划过程出发分析不确定HTN规划问题中涉及的三类不确定性,即状态不确定性、动作效果不确定性和任务分解不确定性,在此基础上针对系统状态、动作效果和任务分解等不确定性扩展不确定性HTN规划模型。

(6)基于深度强化学习的行动方案智能规划 针对战术决策问题,在分析深度强化学习技术优势及其解决战术智能决策适用性基础上,建立基于马尔可夫决策过程的战术智能决策模型,提出有限指挥决策范例数据条件下的逆向强化学习方法,给出方案推演中基于深度 Q 网络的战术决策技术求解框架。

3. 仿真推演

仿真推演是基于现有知识体系,将现实场景中可能发生的事件及其演变过程进行预先假定,制定相应方案,通过沙盘等可视化方式对场景事件处置过程进行推演,以辅助决策者的任务规划和实施。计算机建模仿真技术的发展为复杂不确定性因素建模分析及其现实参考案例少等问题提供了技术解决方案。基于建模仿真、智能博弈等技术的兵棋推演,通过将相关方的资源、力量和能力要素关联建模,数据和知识双轮驱动,使人类棋手和 AI 棋手在博弈过程中相互促进、相互学习,完成战法战术的交互沉淀,进而推动认知决策智能的发展。仿真推演主要有以下研究方向。

(1)基于 GAN 的仿真推演模型数据生成　该模型是近年来兴起的一种有效生成数据和创造智能的方法,基于生成对抗网络的多视图学习与重构算法给出了一种基于 GAN 的多视图学习与重构算法,利用已知单一视图,通过生成模型构建其他视图。并提出新型表征学习算法,将同一实例的任意视图都能映射到相同的表征向量,以保证其包含实例的完整重构信息。

(2)模型框架构建　在面向指挥信息流的组件式仿真推演模型框架中,基于组件化建模、分层设计和模块化组装的思想与方法,提供了一种灵活、可扩展的仿真推演模型集成框架,重点对指挥控制组件、任务组件、知识库、感知组件以及通信管理器等核心组件的功能与结构等进行描述，实现了仿真引擎与仿真推演模型的独立管理和一体化运行。

（3）基于大数据智能的建模　基于大数据智能的建模方法是利用海量观测与应用数据，实现对不明确机理的智能系统进行有效仿真建模的一类方法。涉及指挥调度的主要领域包括舆情大数据、交通大数据、突发事件大数据等。

（4）基于VV&A的仿真系统评估　在仿真系统评估研究中，模型校核、验证与验收（VV&A）技术经过长期发展已成为目前的主流方法，主要包括全生命周期VV&A、全系统VV&A、层次化VV&A、全员VV&A和管理全方位VV&A等技术。

（5）基于贝叶斯网络的行动方案评估　通过建立行动方案的效能模型，探索行动之间的依赖关系来处理行动方案结构和过程的复杂性。运用仿真实验处理行动方案本身的不确定性，并建立将效能模型中的依赖关系映射为贝叶斯网络中因果关系的对应规则，最终采用贝叶斯方法实现了对行动方案空间集的评估和优选。

3.3.3　行动域技术

行动域是解决数据谁在用，应用效果如何的问题。优化调度、智能装备、人机协同等技术应用是当前研究的重要方向。

1. 优化调度

优化问题一直是复杂系统研究的一个热点。资源优化调度关系到整体的效率和效益,涉及的变量多,是带多约束的多目标优化问题。尤其是在面向应急场景的突发性、严重性、事变性时,需要综合考虑存储量、需求量、路径、物资类型、成本、费用、损耗等多因素建立数学模型。从供需关系视角,可分为多对一、一对多、多对多模型。目前,博弈论、复杂网络等都成为优化调度的理论方法支撑。

在面对一些公共安全事件的时候,如何进行资源调度是一个重要的问题。一个有效的应急资源调度有利于减轻事故的损害。近年来,国内研究机构提出了基于动态规划、模糊理论、灰色理论、启发式算法的多种资源优化调度方法,以及基于胜任度模型、协同度模型、遗传算子等的多种人员优化调度方法。

(1) 基于动态规划的资源调度　大多数研究主要集中于减少响应时间或响应成本,然而决策者可能更想知道对应于不同资源使用情况的服务性能,即两者之间的权衡。精确的动态规划算法和快速贪婪启发式算法同时优化应急响应服务和资源利用,可以帮助决策者在两者之间做出良好的权衡。

(2) 基于模糊理论的资源调度　基于多目标模糊规划的资源调度模型,首先将不确定的航行时间和资源需求量表示为三角模糊数,用时间隶属度函数的全积分对模糊应急开始时间进行确定化表示,用需求量隶属度表示需求点所接收的资源数量满足需求的程度。然后,考虑各需求点和各类资源的重要程度,以系统的时效性、需求满意度、安全性和经济性为优化目标建立多目标规划模型。

(3)基于灰色理论的应急资源调度　以目标函数为时间满足度最大化的非线性规划模型,可以解决灾点附近的路径可能被破坏、路径状态信息不完整、行程时间不确定等问题,同时基于灰色理论对交通网络的多条道路进行评价,选择可靠、最优的路径。

(4)基于启发式算法的资源调度　主要利用差分算法、遗传算法、粒子群算法等,从资源配送时间、配送成本大小和资源有效性等方面构建多目标优化模型,优化多应用场景的资源调度问题。

面向公共安全事件场景,如何进行人员分配调度也是一个重要的研究方向。

(5)基于胜任度模型的人员调度　该模型主要解决在多救援点的突发事件场景中应急救援人员派遣问题,依据救援人员关于救援任务的能力指标评价值,计算出不同救援点的救援人员对救援任务的胜任度;依据救援人员到达救援点的应急救援时间,计算出应急救援时间满意度;获得应急救援人员与各救援点的综合匹配度;以综合匹配度最大为目标,构建应急救援人员派遣优化模型,并通过模型求解获得最优的应急救援人员派遣方案。

(6)基于协同度模型的人员调度　该模型主要在考虑人员间协同效应影响因素的前提下,解决突发事件的应急救援人员分组问题。综合考虑救援人员的基础效能与协同效应,基于协同度模型给出救援人员完成不同任务实际效能的表达式。在此基础上,以最大化各救援小组的实际效能为目标,构建突发事件应急救援人员分组的优化模型。

2. 智能装备

随着机器人、无人系统、可穿戴装备技术的发展,人工智能渗透到态势感知、指挥决策、行动执行及效果评估全过程,人机协同极大地提升了传统指挥调度效能,更加适应"快速、精确、高效"的需求。面向场景,搭载多种传感器和计算单元的智能装备,具备环境感知和自主行动能力,通过信息通信技术与边缘、云端的人机融合指挥"大脑"协同,共同完成复杂场景的认知决策。智能化装备与人类指挥员的在线协同,一方面延伸了人类的感知和行动能力;另一方面为无人系统提供了"人在回路"的复杂场景认知能力支撑。[26]

近年来,随着机器人、无人系统等技术的发展和产品的日趋成熟,"人在回路"的智能装备在工业生产、应急救援等领域已取得成功应用。作为系统的最高决策者,人将始终保留对系统的最终控制权,同时结合人工智能技术的发展,人的指挥控制形式将逐渐从回路中走向回路外。因此,智能装备的指挥控制是一个重要的研究方向。根据技术发展现状和应用需求,主要有无人系统,有人/无人系统协同、无人系统集群等行业场景,例如,无人装备应急救援、有人/无人装备协同作战、多无人系统协同治安巡逻等。云控制、集群控制是智能装备控制领域的关键技术和研究热点。

(1)云控制技术 随着云计算、大数据等新一代信息技术交叉融合发展,控制系统需要更加智能,有更加强大的功能,有更好的信息交互能力。智能决策与闭环控制已成为各国战略的关键要素,如美国国家制造业创新网络、德国工业4.0、欧盟地平线2020、中国制造2025等。国务院《新一代人工智能发展规划》也指出,新一代控制系统应具有智能计算、优化决策与控制能力。以控制为核心,以云计算、物联网技术为手段,以网络化控制、信息物理系统、复杂大系统理论为依托,云控制系统应运而生,实现了高度自主和高度智能的控制。在云控制系统中,控制的实时性因为云计算的引入得到保证,在云端利用深度学习等智能算法,同大数据处理技术、网络化预测控制、数据驱动控制等关键技术相结合,可以使云控制系统具有相当的智能自主控制能力。云控制是智能控制的关键使能技术。

(2)集群控制　相比于单个个体,集群系统,尤其是基于分布式控制策略的集群系统,具有很多明显的优点:①分布式的感知与控制、算法运行的并行性;②具有较大的冗余性与鲁棒性;③成本低廉;④良好的可扩展性等。集群智能与协同控制技术是在控制论、人工智能理论和传统的指挥与控制技术基础上逐步演变出的群体协作模式,将多个无人平台按照一定的结构、关系、模式进行组合,使它们之间相互影响、相互协作,具备自主决策指挥控制能力,而且能够达到整体最优的工作性能。其概念和技术内涵随着时代的演变、人工智能技术的发展、协同模式的改变也在不断地进步和发展。集群智能与协同控制技术以无人集群系统为对象,依赖于链路层、信息层、任务层以及制导控制层的支撑和保障,涉及动态自组网、协同感知定位、协同作战指挥决策、协同任务规划、协同制导控制、综合效能评估等为一体的综合性技术。自主化、智能化、网络化、安全化、最优化是集群控制的主要发展趋势。

3. 人机协同

人机交互是人机协同控制的主要实现方式。随着技术的发展,以信号通信、格式化输入、语音识别、机器视觉为基础的人机交互技术已逐渐成熟,基于多模态智能感知、虚拟/增强现实、脑机接口等关键技术研究,人机交互技术正朝着自然、高效、智能化、可穿戴方向发展。

(1) 多模态人机交互　近几年,国内自然交互技术发展迅速,在自然人机交互概念和理论研究方面取得了系列进展,基于智能处理技术的多模态自然人机交互已经成为主要发展趋势。基于人工智能技术,人与计算机的交互方式变得越来越自然,机器已能在一定程度上听懂人类的话语、预测人类的意图,并理解人脸的表情。基于"以人为中心"的原则探索了多模态智能人机交互,旨在通过多种模态的信号(语音、文本、动作、表情等)实现人与机器的交互,其最终目标是使人机交互与人人交互一样便捷和自然。

(2) 虚拟/增强现实人机交互　虚拟现实、增强现实是近年来兴起的研究热点,基于虚拟/增强现实的人机交互是一个重要研究方向。虚拟现实是一种通过计算机模拟虚拟环境,将现实数据通过三维模型表现出来,从而给人以环境沉浸感的计算机仿真系统。增强现实强调3D虚拟对象与真实世界物体的合成和交互。通过虚拟/增强现实技术的运用,极大地增强了用户对真实场景的感知能力。同时,通过手势识别、语音识别、空间定位等技术,使人机交互不再依赖鼠标、键盘等硬件设备,大幅提高了交互的便捷性。

(3)脑机接口人机交互　脑机接口技术通过侵入式、非侵入式、半侵入式三种主要方式,实现对人类脑电信号的获取、处理、分析和意图识别,并通过无线传输对智能装备进行控制,是一项前沿技术,也是当前研究的热点。基于脑机接口的人机交互技术,可实现大脑对智能设备的直接操作,人类将不再需要键盘、鼠标、语音、手势等输入指令,彻底解放肢体,直接跟机器进行交互,并且更加直观、高效,实现比"所见即所得"更进一步的"所想即所得"。另外,通过格式化输入、语音、手势等传统人机交互方式进行的智能装备控制,在日常生活、工业生产、军事作战等场景应用中受到了极大限制,脑机接口是解决这一问题的重要发展方向。

3.3.4　保障域技术

保障域是解决数据流闭环的信息服务保障问题。除了传统的基础设施运维保障、网络信息安全保障和信息通信服务保障,基于未来通信网络、区块链等技术的去中心化、扁平化、智能化、灵活组网等信息资源服务模式是当前研究的重要方向。

1. 未来网络技术

基础设施运维保障涵盖物理基础环境,以及服务器集群、防火墙、容灾备份等相关基础性技术。网络信息安全保障涉及加密/解密技术、网络监控技术（上网行为管理、旁路侦听技术）、身份认证技术（证书认证、生物体征识别）等。从物理层到网络层，再到内容层，虚实结合逐渐形成了大众参与的社会计算环境。人类社会中的不确定性，也反映到互联网上的用户行为和公众认知，搭载 AI 系统的无人车、无人机、机器人等联网更是开启了人机赛博交互新时代。

通信网络保障是信息化时代指挥调度的基础，今天模拟通信、数字通信、光纤通信（SDH、SONET、EPON、GPON）、网络通信（局域网、城域网、广域网）、移动通信（2.5G、3G、4G、5G）等通信技术已长足发展，成为重要基础设施。基于物理、软件定义或数学孪生的指挥管理系统对可视化、虚拟现实和混合扩展现实等技术需求日益强烈；在线嵌入式的计算平台产生大量实验数据，对平台实时 I/O 能力提出了更高的要求；未来任务的确定和描述往往是以交往式动漫、决策剧场和科学游戏等方式进行，通过虚实互动完成虚实之间的闭环指挥和管理反馈。无论是军事指挥、社会治理还是企业的智能组织与运营，为了确保效益，都需要更高的信息保障技术支撑。因此，在某种意义上可以说一体化指挥调度可能会成为 5G 应用最重要的场景。

交互安全、超大规模、超大流量、物联网、大数据分析、云业务等是驱动未来网络发展的新需求，未来网络发展将呈现简单、开放、可扩展、安全可靠、融合现有网络等特点，并可以高效、灵活地调控网络及信息资源。近年来,未来网络技术的发展逐渐呈现出如下技术趋势。

(1)确定性网络(带宽、时延、抖动)　怎样能够在互联网的基础上也做到确定性时延,这是大家不断探讨的问题。未来的技术方向是,如何在统计复用的基础上实现网络端到端的确定性可控。

(2)光网络与IP网络的协同调度　针对IP网络与光网络分层规划、独立运维、协同能力差,造成的业务开通部署周期长、时延及抖动大等挑战,通过协同控制器能够实现IP与光网络的有效协同。

(3)未来云网一体　目标是实现异构多云协同与交换,一点接入,全云服务,分钟级按需云互联、云切片。

(4)白盒化、软硬件解耦　软件在开源,硬件也在开源,白牌交换机、移动通信设备的白盒化已成大趋势。

2. 区块链技术

区块链本质上是分布式数据存储、点对点传输、共识机制、加密算法等技术的新型应用模式,具有去中心化、开放性、独立性、安全性、匿名性的特征,是为万物互联网络中的交易去中心化、交易信息隐私保护、历史记录防篡改、可追溯、交易激励策略等提供的技术支持。[27]

(1)去中心化　区块链技术不依赖额外的第三方管理机构或硬件设施,没有中心管制,除了自成一体的区块链本身,通过分布式核算和存储,各个节点实现了信息自我验证、传递和管理。去中心化是区块链最突出、最本质的特征。

（2）开放性　区块链技术基础是开源的，除了交易各方的私有信息被加密外，区块链的数据对所有人开放，任何人都可以通过公开的接口查询区块链数据和开发相关应用，因此整个系统信息高度透明。

（3）独立性　基于协商一致的规范和协议（类似比特币采用的哈希算法等各种数学算法），整个区块链系统不依赖其他第三方，所有节点能够在系统内自动安全地验证、交换数据，不需要任何人为的干预。

（4）安全性　只要不能掌控全部数据节点中的51%，就无法肆意操控修改网络数据，这使区块链本身变得相对安全，避免了主观人为的数据变更。

（5）匿名性　除非有法律规范要求，单从技术上来讲，各区块节点的身份信息不需要公开或验证，信息传递可以匿名进行。

一般来说，区块链系统的基础架构由数据层、网络层、共识层、激励层、合约层和应用层组成。在该架构中，基于时间戳的链式区块结构、分布式节点的共识机制、基于共识算力的经济激励和灵活可编程的智能合约是区块链技术最具代表性的创新点。其中，数据层封装了底层数据区块以及相关的数据加密和时间戳等基础数据和基本算法；网络层则包括分布式组网机制、数据传播机制和数据验证机制等；共识层主要封装网络节点的各类共识算法；激励层将经济因素集成到区块链技术体系中来，主要包括经济激励的发行机制和分配机制等；合约层主要封装各类脚本、算法和智能合约,是区块链可编程特性的基础;应用层则封装了区块链的各种应用场景和案例。

区块链主要包括如下关键技术。

(1)分布式账本　分布式账本指的是交易记账由分布在不同地方的多个节点共同完成,而且每一个节点记录的是完整的账目。因此它们都可以参与监督交易合法性,也可以共同为其作证,从而保证了账目数据的安全性。

(2)非对称加密　储存在区块链上的交易信息是公开的,但是账户身份信息是高度加密的,只有在数据拥有者授权的情况下才能访问到,从而保证了数据的安全和个人的隐私。

(3)共识机制　共识机制就是所有记账节点之间怎么达成共识,去认定一个记录的有效性。这既是认定的手段,也是防止篡改的手段。

(4)智能合约　智能合约是基于这些可信的不可篡改的数据,自动执行一些预先定义好的规则和条款。

3.4　工程实践方法

实践是检验真理的唯一标准,一体化指挥调度的理论和技术需要结合实际国情和历史背景,面向场景,总结经验,才能有所创新。一体化指挥调度技术国家工程实验室通过总结社会公共安全领域的场景解决方案和工程实践经验,提出了"面向场景、数据驱动、平台支撑、脑+端、人机融合"的工程实践之路(见图3-7)。

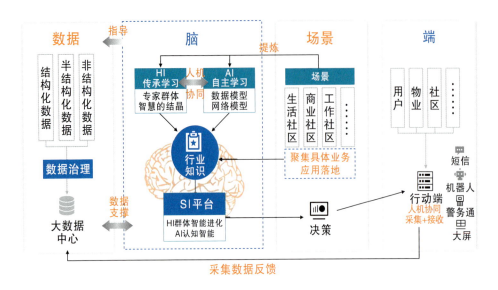

图 3-7 一体化指挥调度实践方法论

3.4.1 面向场景数据驱动

对场景问题的分析需要透过现象看本质，从全局战略上分析场景问题的主要矛盾。今天从信息化迈向智能化，"面向场景"越来越被重视，其中的深层次原因就在于，信息化时代是由通用计算机、软件和网络工具主导，缺少数据和知识灵魂。因此，当时说的"需求"与现在说的"场景"有着很大的不同。智能化时代强调在信息化平台基础上构建"脑"和"端"，脑是行业知识体系，端是智能感知和行动单元，他们和场景的数据、知识强相关，就像人类的感知和认知都是基于常识知识体系一样。面对复杂系统场景问题，业务分析和资源优化需要从单点、局部走向全局。局部优化不能替代全局优化，全局优化也不是局部优化之和，需要不断强化全局态势感知和认知能力，拓展资源优化空间，根据实际场景需求和环境变化实时调整资源配置方式。对于社会复杂巨系统而言，优化过程往往只有起点，没有终点,必须坚持正确的科学理论方法指导,充分运用信息科技工具虚实结合,从传统物理空间的"试错法"走向基于CPS平行仿真推演的"择优法"。社会治理涉及的场景复杂多样,不同人处理事件的输入输出也不尽相同,因此场景的数字化、标准化是目前急需解决的问题。大数据时代的数据化思维可以理解为定量化思维,利用数据解决问题,在理解场景问题需求后,需要将其转化为数据。大数据不是简单的数据汇聚,需要从微观和宏观变粒度理解,一方面要能够使细粒度精确化、定量化描述场景事物;另一方面要能够反映出事物的内在规律,研判总体态势,这也是大数据的综合性特点。

从"感知、认知、行动、保障"四域的数据流视角看,就像水往低处流一样,信息流是主动寻找捷径的,这是信息传播规律。所以要面向场景找准数据源,厘清数据流,把正确的数据以正确的方式在正确的时间传递给正确的人、机器和系统。随着面向场景的万物互联,数字化将渗透到产品的全生命周期和企业生产运营的各环节,涵盖全价值生态产业链,对场景需求的深度挖掘、实时感知、快速响应将成为产业互联网时代企业创新能力的分水岭;通过生产过程数据精确感知分析,实现控制管理最优化,推动供应链改进,动态调整生产模式和规模,甚至重构生产体系;通过横向和纵向的集成融合,实现数据完整性、及时性、准确性,推动数据、信息、知识、服务的一体化转化。例如,在数据驱动的运维中,厘清数据流可以从场景用户需求出发,沿着用户访问流,标注经过的资源和服务,然后统一采集、治理、融合这些资源和服务对应的数据。第一要面向用户端,端是重要的数据源,直接反映用户偏好;第二是面向资源,通过业务导向的数字化方法，对资源做识别，标识入库，建立资源对象及其属性库，并评估其对业务未来发展的容量支撑；第三是面向公共服务，在资源基础上对能力进行面向场景应用的封装，服务也可以被看作一种资源，但其特征和采集方式与传统资源不同，而且不同服务需要关注的数据指标也截然不同；第四是面向接口，分布式系统的典型特征是接口调用，这类数据具有数据量大、数据价值最大、实施难度大、数据分析成本高、模型容易统一等特点；最后是融合治理，需要用关联视角从业务拓扑、物理拓扑及用户访问流三个角度看，整合各类数据以便发挥整体价值，从数据整体考察事物本身是复杂系统研究的一个重要特点。

大数据带来了更强的场景洞察力和行动执行力，从数据到决策将直接导致智能水平的提升。如图3-8所示，面向公共安全领域多源异构数据源，我们从结构化、半结构化和非结构化三类数据融合处理入手。针对结构化数据，支持关系型数据库、流式数据、CSV/Excel等多种数据源，大规模自动化采集、清洗、归类、标准化，关联所有数据，形成统一的高质量标准数据；针对海量的文本、网页数据，通过自然语言处理技术和机器学习技术将半结构化的文本数据转化成结构化的实体以及实体之间的关系；针对海量视频图像信息，通过基于规则和机器学习的智能分析技术进行目标特征、行为和场景检测，识别、链接、融合实体，并抽取、补全属性，建立实体间的关联，构建面向场景的知识图谱，支撑公共安全领域知识的应用。

第 3 章 一体化指挥调度

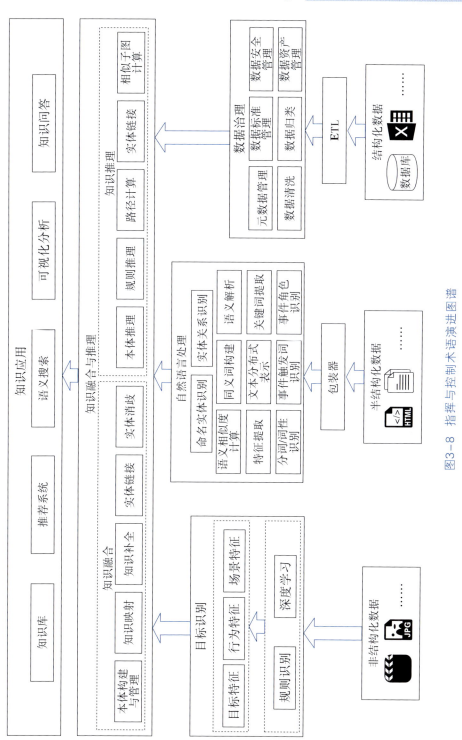

图3-8 指挥与控制术语演进图谱

3.4.2 数字孪生平台支撑

信息化时代工具支撑平台大发展，涌现出 CRM、ERP、SCM、CAX、PLM、MES 等大量信息化系统工具，支撑了行业流程的信息化；面向场景的万物互联将更加强调边缘感知与控制平台，这是端的核心，也是数据源头；产业互联网时代行业智能的核心在依托网络化、智能化的生态服务平台，人机融合构建行业知识体系。构建技术平台、组织平台、生态平台支撑数据流畅通，建立面向场景的专业化数字孪生智能平台，支撑"数据—信息—知识—决策"的持续转化，数据中台、知识中台、业务中台都是不同层面的平台技术；通过网络化的知识共享生态平台，发挥群体智能、智力共享优势，推动资源和要素的解耦、整合与重构，推动软件库、模型库、知识库、案例库等数据和工具的开发集成与开放共享，实现价值创造从封闭的价值链向开放的价值网络拓展。其三层平台逻辑架构如图 3-9 所示。

行业智能核心平台（脑）		
行业场景解决文案	模型/知识/业务资源库	行业 OS/App
网络化、智能化生态服务平台		

行业工具支撑平台		
CRM	ERP	SCM
CAX	PLM	MES
实时数据库/关系数据库		

边缘感知与控制平台（端）			
通信模块		嵌入式系统	
传感器	处理器	控制器	执行器

图 3-9　三层平台逻辑架构

第3章 一体化指挥调度

诺贝尔经济学奖获得者希尔伯特·西蒙曾说过,由于许多至关重要的复杂社会过程无法像其他过程那样进行还原分析,因此,社会科学是真正的"硬"科学。王飞跃教授在《计算实验方法与复杂系统行为分析和决策评估》一文中从本质、经济、法律、道德等方面对西蒙提到的复杂社会系统难点问题进行了阐述分析。由于复杂系统"不可分""不可知"问题的存在,必须采用整体论的观点考虑复杂社会经济系统的问题;复杂社会经济系统问题不存在一般意义下的最优解,更不存在唯一的最优解,需要充分考虑参与人群的文化、心理与行为特性及其分布。在社会系统中,由于人类行为的不定性、多样性、复杂性,很多时候个体情绪或者影响力的存在、波动、传播,会导致整个社会系统的异常状态。因此,如果能够挖掘出这种内在的关联,就可以正向引导系统的趋势走向,而自底向上、基于人工社会想法的计算实验则是发现并挖掘这种关联的有效手段。模拟仿真是继理论推导、科学实验之后认识世界的第三条途径,其技术基础是科学计算,也正好反映了信息化社会的特点。"虚拟现实"是"虚拟"与"现实"的融合,他们之间的关系不是非此即彼的矛盾体,而是"你中有我、我中有你",通过"虚"与"实"的碰撞,在混沌的边缘产生创新。我们认为钱学森先生的"综合集成研讨厅"思想也是基于此的颠覆性创新。

在复杂社会系统研究中,王飞跃教授提出了人工社会(artificial societies)、计算实验(computational experiments)与平行执行(parallel execution)有机融合的一体化复杂智能系统研究 ACP 体系(见图 3-10)。"平行"是指虚拟系统与实际系统之间的平行互动,是指人工计算过程与实际物理过程之间的平行交互。引入 ACP 的主要目的,就是跨越由于人和社会因素的复杂性所产生的建模鸿沟,使焦点从"大定律、小数据"之牛顿定律,变为"小定律、大数据"之默顿定律。互联网、云计算、物联网、大数据、人工智能、区块链等都是支撑 ACP 方法的核心技术。平行系统的主要步骤包括:第一步,利用人工社会或人工系统对复杂系统进行建模画像,在一定意义下可以把人工社会看成是科学"游戏",就是用类似计算机"游戏"的技术来建模;第二步,利用计算实验对复杂系统进行分析和评估,把人的行为、社会的行为放到计算机里面,把计算机变成一个数字画像实验室进行"计算实验",通过"实验"来分析复杂系统的行为,评估其可能的后果;第三步,将实际社会与人工社会并举,通过实际与人工之间的虚实互动,以平行执行的方式对复杂系统的运行进行有效的控制和管理。

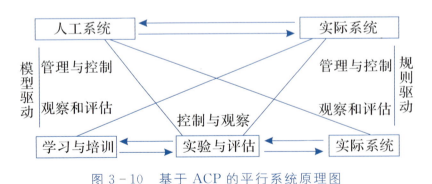

图 3-10　基于 ACP 的平行系统原理图

在产业互联网时代,互联网、物联网、云计算、大数据、人工智能等新一代信息技术与传统产业深度融合,实现人、机、物的全面互联,泛在连接、云化服务、知识积累、应用创新成为典型特征。泛在连接具备对设备、软件、人员等各类生产要素数据的全面采集能力。云化服务实现基于云计算架构的海量数据存储、管理和计算。知识积累能够提供基于行业知识机理的数据分析能力,并实现知识的固化、积累和复用。应用创新能够调用平台功能及资源,提供开放的App开发环境,实现App创新应用。产业互联网平台构建如图3-11所示。

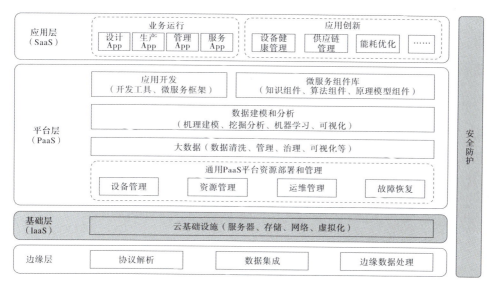

图3-11 产业互联网平台构建

边缘层通过大范围、深层次的数据采集,以及异构数据的协议转换与边缘处理,构建产业互联网平台的数据基础。一是通过各类通信手段接入不同设备、系统和产品,采集海量数据;二是依托协议转换技术实现多源异构数据的归一化和边缘集成;三是利用边缘计算设备实现底层数据的汇聚处理,并实现数据向云端平台的集成。

平台层基于通用PaaS叠加大数据处理、数据分析、微服务等创新功能,构建可扩展的开放式云操作系统。一是提供数据管理能力,将数据科学与行业机理结合,帮助企业构建数据分析能力,实现数据价值挖掘;二是把技术、知识、经验等资源固化为可移植、可复用的微服务组件库,供开发者调用;三是构建应用开发环境,借助微服务组件和应用开发工具,帮助用户快速构建定制化的 App。

应用层形成满足不同行业、不同场景的 SaaS 和 App,形成产业互联网平台的最终价值。一是提供了设计、生产、管理、服务等一系列创新性业务应用;二是构建了良好的 App 创新环境,使开发者基于平台数据及微服务功能实现应用创新。

除此之外还包括通用的 IaaS 基础设施,以及涵盖整个系统的安全管理体系,这些构成了产业互联网平台的基础支撑和重要保障。

数字城市是数字孪生技术在智慧城市中的应用,是在网络空间构建城市物理世界的数字画像,以实现城市全要素数字化、虚拟化,城市全状态实时化、可视化,进而推动城市管理的决策智能化。数字孪生的平行城市将在规划、建设、管理等方面发挥巨大价值。在规划阶段可以洞悉全局数字画像,避免"规划打架""马路拉链""城市看海"等问题;在建设阶段实时在线,多方协同提高效率,保证工程进度和质量安全;在管理阶段实时感知、智慧运维、精细管理,让城市运行更加便捷、高效、绿色、智慧。在工业互联网领域,西门子提出"数字化双胞胎",支持企业从产品设计、生产规划、工程组态、生产制造直至服务等五大环节进行整个价值链的整合及数字化转型,打造统一的、无缝的数据平台,形成基于数字模型的虚拟企业和基于自动化技术的现实企业镜像。美国通用电气公司基于 Predix 工业互联网平台打造了自己的智能制造"数字双胞胎"技术,在虚拟世界为每个引擎、涡轮、核磁共振等部件、设备都创造一个"数字双胞胎",在计算机上清晰呈现系统运行的每个细节。该技术在 GE90 发动机上应用后,大幅减少了大修次数,节省了上千万成本;在铁路上应用后,大大提升了燃油效率,同时降低了排放。给物理世界做一个虚拟世界的数字画像,仅仅是数字孪生平台的第一步,其核心是要虚实结合发现潜在问题、激发创新思维、不断追求优化进步。

3.4.3 人机融合决策体系

机器是被人类创造出来为人类服务的工具,是人类在不断的实践中形成的思维和智慧结晶。今天人的思维能力也可以借助信息化、智能化工具得到延伸和施展,人与机器之间的关系也越来越紧密,新的"人机融合"思维方式成为当代社会生产生活的重要方面。20 世纪 70 年代计算机辅助决策系统的出现,把人的判断力和计算机的信息处理能力结合在一起,既可以提高决策者的效能,又不妨碍他们的主观能动性,让机器成为决策者的有力助手。钱学森敏锐地关注到信息技术即将给社会带来的巨大变革,结合自身长期的科学实践,提出要将"人机结合"的思维方式摆在科学研究的重要位置。钱学森重视对实际问题的案例研究,并从案例研究中提炼新概念、概括新理论,通过新理论再应用于实践进行检验。面向开放复杂巨系统问题的综合集成思想和方法,就是从大量实际案例的分析中来的它将科学理论、经验知识和专家判断相结合,从宏观和整体上形成和提出经验性假设(判断和猜想),借助现代计算机技术,基于各种统计数据和信息资料,对系统进行逻辑分析,建立起包括大量参数的模型,并经过真实性检验来解决复杂巨系统问题。综合集成研讨厅的体系(见图3-12)构成体现了辩证唯物主义中"实践—认识"的辩证关系。

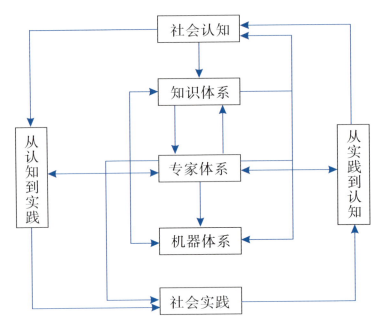

图3-12 钱学森综合集成研讨厅思想

在以知识生态平台为核心的产业互联网时代,承载行业知识大脑的数字化模型和行业智能端应用将成为平台交易的重点。我们基于综合集成研讨厅思想,结合当前人工智能技术的发展,提出了将人类的场景认知智能HI(human intelligence)与机器智能AI(artificial intelligence)相结合,将行业知识"大脑"与智能"端"系统相结合,构建面向场景的"脑+端"人机融合智能决策体系SI(super intelligence)。专家体系、机器体系和知识体系是钱学森综合集成方法三大要素,在实践应用中相辅相成,在新的时代特征下对其理解也要与时俱进。

(1)专家体系　核心是强调"人在回路",充分利用人类专家"大脑"所掌握的行业知识,从专家个体"大脑"到网络群体"超脑"。今天在互联网支撑下,我们可以更便捷地面向场景搭建群体交互平台,不同学科、不同领域的专家实时交互、共享、启发、激活,促进个体知识的释放传承、汇聚群体智慧的涌现效能,激发人类知识价值创新活力,提升行业整体智能水平。"人在回路"绝不是一句空话,我们在设计智能决策体系过程中,必须把人类的认知智能作为一个重要因素考虑进去。

(2)机器体系　今天计算机、互联网和人工智能等技术发展成为从定性到定量的重要支撑,机器体系不仅是开放系统,也是动态发展和进化的系统。随着新一代信息技术迅速发展,机器体系不断进化,机器"小脑"功能不断加强,人机交互能力也越来越强。目前机器主要还是作为人的"体力""智力"延伸的"端",具有明显的工具属性。未来随着机器智能的不断进化发展,具有自主"大脑"的无人系统将是"脑+端"的一体化,可能从根本上改变人与机器之间的关系。但对人类发展而言,我们要始终确保"人在回路"的主导权,这也是很多人对未来 AI 技术发展的担忧之处。

(3)知识体系　人机融合的知识生产系统,可以理解为行业认知"大脑"。通过对人与人、机器与机器、人与机器之间交互的知识和信息进行采集、储存、传递、分析与综合,最后实现面向行业场景的知识体系的构建。将人类专家已有的显性行业知识形式化、标准化，充分利用机器的高性能计算、处理和分析能力，挖掘场景大数据中的隐性知识。人机融合扩大知识再生产，在实践中不断丰富行业"大脑"知识资源。

一方面，充分发挥人的场景认识能力，从整体上对系统进行把握，通过机器拓展人的行动能力和逻辑思维能力，通过平台汇聚人类群体的行业知识；另一方面，充分发挥机器智能的计算优势，挖掘人类未知的大量隐性知识，同时依托人类的显性知识支撑机器认知智能发展。人类的发展史，就是人类学会运用工具、制造工具和发明机器的历史，各式各样的机器工具将使得人类具有更强大的能力，人机融合将迎来新的、更大的发展空间。

3.5 从内涵到外延

始于技术，成于管理。数字化是为了实现网络化，网络化的目的是系统化，系统化的核心在于催生管理的变革。通过信息化构建通用工具平台，通过智能化形成面向场景的脑＋端。一体化指挥调度是管理与技术的融合，为社会治理复杂系统场景数字化提供理论、方法、技术、标准和工程体系支撑！当前我国社会主要矛盾是人民日益增长的美好生活需要和不平衡不充分的发展之间的矛盾。美好生活首先是安全地生活，安全是基本要求，不平衡不充分是复杂系统的显著特征。社会需求侧复杂不确定性交互带来的安全需求日

第3章 一体化指挥调度

益强烈，供给侧的指挥调度效率已经难以应对。因此，一体化指挥调度的核心就是如何应对社会治理中不确定性交互安全问题，其关键在于汇聚生态资源，打通供需矛盾的两侧，实现供需生态平衡。

供给侧 G 端（政府端）的指挥管理和需求侧 C 端（用户端）的社会化服务是两个生态圈，其交汇点在基层、在社区、在面向大众的交互安全管理与服务。G 端生态圈是从一体化指挥、智能调度、协同行动等方面统筹考虑，将汇聚资源的指挥中枢能力服务化，力量下沉，向一线、基层赋能；C 端生态圈是数据的源头，从社会服务、平台交互出发，融合各类生活场景大数据，利用群体智能构建安全信任体系，从而达到边缘聚能、力量无边的效果（见图 3-13）。

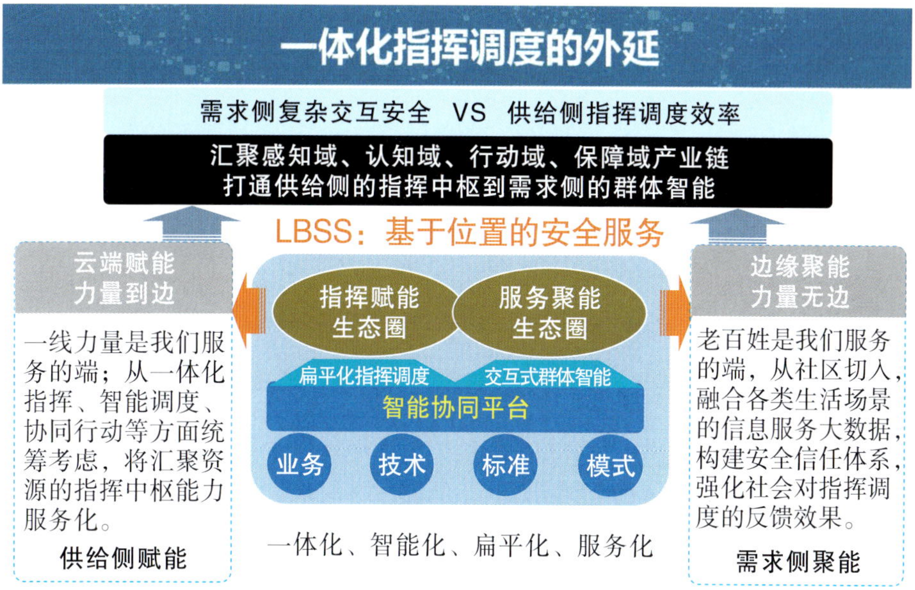

图 3-13 从内涵到外延的"两圈一平台"

支撑两个生态圈的融合发展,需要面向场景,从业务、技术、标准和模式等各方面深入研究,构建智能协同平台,汇聚数据流的感知、认知、行动和保障全域链条,使扁平化指挥调度和交互式群体智能有机结合,打通供给侧指挥中枢到需求侧的群体涌现,从根本上破解社会安全供需矛盾难题。这也就是平台经济时代基于位置的安全服务(Location Based Security Service,LBSS)迈向一体化、智能化、扁平化、服务化的发展趋势。

整个社会系统如果按照从上到下逐层分解来看,那就是"省市区县乡镇村"的树形结构。这种层级式的管理组织模式看不到相互之间的影响关系。但是如果我们从下往上看,那就是一个个相互影响的个体组成的复杂网络,每一个个体之间、每一个群体之间都相互关系。在平台经济时代网络化社会特征突显,很多虚拟的网络关系成了重要的群体关系,带来了人类社会的关系结构、组织形式和时空结构变革。

今天"大数据+社会治理"为智能协同平台的构建提供了场景。社会治理是典型的开发复杂巨系统问题,是由诸多相互作用的社会要素构成的有机整体。社会治理体系和能力建设仅仅依靠学科理论、经验知识和专家判断力相结合的方式提出经验性的判断是不够严谨的。在大数据时代,我们可以通过统计建模、机器学习、人工智能等手段,探索社会复杂系统各要素之间的相互关系,揭示复杂形态的动态演化和结构性规律,进而实现模拟和预测。大数据技术可以实时动态获取人流、物流、信息流等要素特征信息,即时地、直观地、智能地从不同粒度反映当前状态和趋势变化。

目前我们围绕智慧城市开展的大数据体系建设主要集中在顶层设计、宏观层面,而在城市内部区域、街道、社区等微观层面较为欠缺。数据的采集应该是从源头出发、自底向上,先为基层服务,只有这样才能从源头保证数据质量。不同层次、不同用户、不同场景对数据的需求也不同。一般来说,指挥层次越高,数据粒度越粗、越抽象;层次越低,数据粒度越细、越具体。从物理数据到业务信息,再到行业知识。因此,社会治理大数据体系的建设,不是盲目的数据集中统一管理,而是需要面向场景构建不同层面的数据支撑平台。

网络互联、信息互通、知识共享,态势共享中心不同于数据中心。社区数据中心拥有感知采集的全要素数据,从而支撑社区的精细化服务和管理,只有这样才可能做到风险的及时发现、及时处置;区域态势共享中心不是将所有细粒度数据统一汇聚,而是要在更高层次呈现整体态势,关注异常事件或风险的发展趋势,如图3-14所示。同时,面向场景决策需求解决不同数据中心之间的信息交互共享问题,将数据层面的共享安全问题转化为知识决策共享问题。共享中心汇聚的是与总体态势相关的数据,以及跨区场景数据关联协作的知识模型,这也是智能协同平台的一种重要表现形式。

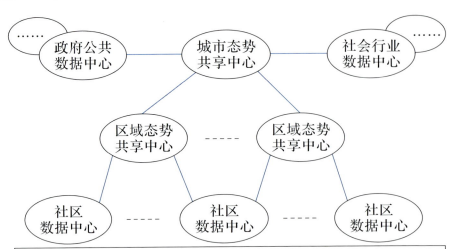

图 3-14 智能协同平台"态势共享中心"

第 4 章 脑＋端的人机融合

> 人机融合是颠覆性技术的一个关键领域。
>
> 人机融合之路已经开启，但人类似乎还没有作好准备。
>
> ——美国国防部高级研究计划局

我们正在从数字化、信息化迈向智能化。在这一时代背景下，不论是单体智能还是群体智能，不论是云端智能还是边缘智能，不论是人类智能还是机器智能，代表智能的"智力工具"正在逐渐发展为核心生产力。在产业互联网中，承载行业知识大脑的数字化模型和行业智能端应用将成为平台交易的重点。20世纪末，钱学森提出了人机结合的"综合集成研讨厅"思想，"脑＋端"的人机融合是结合当前人工智能技术发展对钱学森思想的深化研究，面向场景，将行业知识"大脑"与智能"端"系统相结合。"脑＋端"的人机融合（见图4-1），既包括智能科学理论、模型、算法的研究，也包括机器与人、机器与环境及人、机、环境，以及之间系统组织关系和协同模式的探索。面向不同场景，"脑＋端"可以有不同解释：指挥中心是脑，行动力量是端；人是脑，机器是端；云是脑，边是端；AI是脑，机器本体是端；指挥系统是脑，无人系统是端，等等。智能指挥调度场景的"脑＋端"人机融合技术应用，综合了脑科学、人工智能、5G通信、云计算、边缘计算、V2X等多项技术。

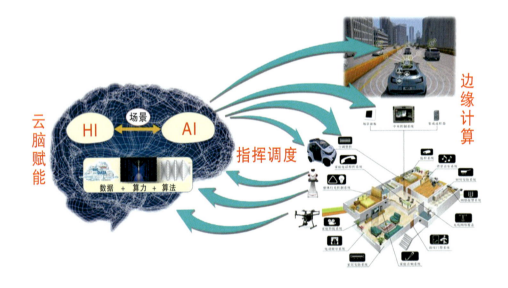

图4-1 脑＋端人机融合示意图

2014年，中国人工智能学会理事长李德毅院士在无人驾驶研究中提出受脑认知启发的"驾驶脑"：用机器模拟人脑对安全驾驶的自学习和驾驶技能积累能力，模拟人脑对驾驶环境的感知、认知、决策和行为控制。李院士指出，无人车的研究就像是在人工打造一匹马，随着其智能化水平的提升，未来人与机器之间的关系就像是骑士与战马（见图4-2）。

第 4 章 脑+端的人机融合

图 4-2 人与智能车之间的关系演进

4.1 基本概念理解

4.1.1 认知智能困境

从 1956 年达特茅斯会议至今,"人工智能"的发展几经波折,三个学派、三次浪潮,"人工智能"一词也有了更加丰富和多样化的内涵。可以说,计算科学的发展使得机器在存储、计算方面表现出的能力远超人类水平。但是,当面对复杂不确定性场景时,其暴露出认知智能的短板。2006 年杰弗里·辛顿(Geoffrey Hinton)提出深度学习,并相继被成功应用于图像识别、语音识别等多个领域,联结主义带来了机器感知智能的大发展,至今已有 14 年。这期间,深度学习在围棋、无人驾驶等方面取得的应用突破,受到了全世界的高度关注,也一度承载了人们对人工智能的美好憧憬和想象。然而,当人工智能明星企业的豪言壮语和落地规划一次次落空和推迟，当深度学习在现实应用中的局限越来越明显，大家开始质疑，深度学习究竟能否使人工智能像人们期待的那样具有认知能力？随着研究的深入，结论越来越走向悲观，甚至出现"深度学习已死"的唱衰论调。

深度学习强调，通过大数据对网络模型进行训练，使其具备像人类一样的识别、分析等能力。但是在实际应用过程中，其不可解释性、泛化能力差等缺陷广为诟病。以应用最为成功的图像识别为例，为了让机器认识猫，需要通过成千上万张各种类型和不同拍摄角度的猫的图片来训练机器。尽管如此，实际应用过程中，可能仅仅因为拍摄角度、运动形态等在模型训练时没出现过而导致误识别，并且无法查找具体原因。再比如，如果想让机器认识椅子，则需要通过大量各类椅子的图片对模型进行训练，但是得到的模型可能无法识别一把倒立的或者损坏的椅子。这些固有缺陷让深度学习的落地应用面临巨大的尴尬。而人类的学习过程并非如此，一个孩子认识猫和椅子，并不需要这么多样本训练。人类学习更强调知识的传承学习，抓住事物主要矛盾，解决实际问题。我们能说深度学习推动了机器感知智能的发展，但正如《实践论》中所说，感觉只解决表象问题，理解才解决本质问题，深度学习解决不了认知智能的问题。

今天在计算智能和感知智能发展的基础上，人工智能正在向以理解、推理和决策为代表，强调"会思考""能决策"的认知智能延伸。认知智能更多体现在交互学习过程中能够不断完善、修正自身的知识体系。当前很多企业都通过向社会开放数据和智能平台，让大众参与智能系统的交互和开发，利用群体智能来帮助构建人工智能的知识体系。正如中国人工智能将智能科学与技术划分为脑认知基础、机器感知与模式识别、自然语言处理、知识工程构成的内涵,以及机器人、各类智能系统构成的外延。在面对外延场景实际问题时,需要各内涵学科融合发展,技术上符号主义、联结主义、行为主义的人工智能三大学派融合发展是大势所趋,在实践中更体现出人机融合构建超级智能的无穷发展空间。

4.1.2 人机融合演进

"人机融合"通俗地讲,就是在特定的环境中,基于人机交互,将人类和机器的能力相结合,协同互补,从而完成某项任务或者实现某些功能。同时,根据不同行业场景的不同任务需求,人和机器的职能分工灵活变通,以需求为导向,最大限度发挥各自优势。20世纪80年代复杂性研究刚开始的时候,钱学森先生就敏锐地把综合集成法拓展为"从定性到定量的综合集成研讨厅"体系,主张人机结合,把人的心智的高度灵活性和计算机在计算与处理信息时的高性能有机结合起来,把当代人的智慧与古代人的智慧集成起来,形成"大成智慧工程"。

到目前为止,人机融合还没有广泛认同的严格定义。我们认为,通过人机交互,人类使用工具、操纵机器、和机器协同工作等也都属于人机融合的范畴,比较接近的概念有人机一体化、人机系统、人机协同、人机混合智能等,只是看问题的视角不同,交互融合的内容、层次和粒度不同而已。

1994年路甬祥院士提出人机一体化,并将其定义为:所谓人机一体化系统，就是采取以人为中心，人—机械一体的技术路线，人与机器处在平等合作的地位，人与机械共同组成一个系统，各自执行自己最擅长的工作，人与机器共同认识、共同感知、共同决策、共同工作，从而突破传统的"人工智能系统"的概念，形成达到甚至超过人的能力乃至智力的"超智能"系统。其核心内容是强调人在系统中的重要性，结合人与机器的各自优势，实现人机最佳协作。王学文在《工程导论》中提出，人机系统是指人为了达到某种预定目的，由相互作用、相互依存的人和机器两个子系统构成的一个整体系统。人机系统有简单和复杂之分，其中，简单的人机系统指人对工具的使用，比如锤头、木锯等；复杂的人机系统涉及人和机器的交互，如人驾驶汽车、飞机，甚至是操纵带有计算机和智能装置的机器。人机协同是指无人系统与人类协作，配合人类完成任务，重点强调人在回路、人类对系统的控制。美军对人机协同技术应用高度重视，美国国防部在2018年发布的《无人系统综合路线图（2017—2042）》中，对人机协同进行了重点布局。谭铁牛院士提出，人机混合智能旨在将人的作用或认知模型引入人工智能系统中，以提升人工智能系统的性能，使人工智能成为人类智能的自然延伸和拓展，通过人机协同更加高效地解决复杂问题。郑南宁院士提出混合智能的两种形态："人在回路的混合增强智能"是将人的作用引入智能系统中，形成人在回路的混合智能范式；"基于认知计算的混合增强智能"则是指在人工智能系统中引入受生物启发的智能计算模型，构建基于认知计算的混合增强智能。这是关于混合智能的说法。

第4章 脑＋端的人机融合

人机一体化、人机系统、人机协同、混合智能等理论，都是建立在机器智能不足和人机优势互补基础之上，综合分析人类在认知、推理方面的优点和机器在记忆、计算方面的优点，形成的系统方法论，可以说与钱学森的"综合集成研讨厅"思想一脉相承。本书多次提到面向场景，就是要结合实际需求，以解决痛点问题为导向，从应用的角度探索人机融合理论和方法的具体落地，使专家体系、机器体系和知识体系三大要素在实践应用中相辅相成。人机融合的知识生产系统，可以理解为面向行业场景构建认知"大脑"。一方面，充分发挥人的场景认识能力，从整体上对系统进行把握，通过机器拓展人的行动能力和逻辑思维能力，通过平台汇聚人类群体的行业知识，将人类专家已有的显性行业知识形式化、标准化；另一方面，充分发挥机器智能的计算优势，挖掘人类未知的大量隐性知识，同时，依托人类的显性知识支撑机器认知智能发展。人机融合扩大知识再生产，在实践中不断丰富行业"大脑"知识资源。

人机融合系统中的"人"，不仅指客观实际存在的人类，同时也包括将人类知识形式化的人类智能；系统中的"机"指机器，其智能化水平随着科技发展持续进步。结合实际应用需求，在智能化水平不足的前提下，人更多承担的是脑的智能。随着智能化的发展和提高，人逐渐从系统回路中走到回路上，甚至回路外，人的存在形式也逐渐从实实在在的人转变为形式化的人的知识。从脑＋端的角度分析人机融合系统，"人"主要承担脑的智能，是当前技术状态下专家体系、知识体系的主要载体，主要解决开放场景、不确定性、复杂问题的决策问题。机器主要承担"端"的职能,为系统提供硬件平台支撑,是"脑"感知和执行能力的延伸,重点解决相对确定的、重复的以及高强度工作难题。例如汽车、火车、轮船、拖拉机、飞机、机床、视听觉仪器等,是对人类四肢和五官能力的延伸。并且,随着技术发展,端的智能化程度逐步提高,在感知和执行的基础上,会逐渐具备简单的认知、决策能力。

人机融合的应用已深入生活、生产的方方面面。例如,借助交通工具,人类可实现每小时百千米的移动能力;借助运载车辆,人类可以实现吨级货物运输、飞行、进入太空等;借助工业机器,可以实现极端环境下高精度的 24 小时作业,不眠不休;借助脑机接口,可以通过混合增强智能实现人类感知、记忆、计算等能力的飞跃。我们提出脑+端人机融合的主要目的,是从行业场景和实际应用的角度出发,研究如何实现对脑和端智能更合理的划分,在现有技术条件下,最大限度发挥系统的人机互补优势。

4.2 人机融合的多层面交互

人机融合的研究内容涉及物理学、生理学、信息科学、脑科学、认知科学、生命科学,甚至是哲学的跨界研究。人类的特长表现在场景认知、跨域关联、常识缺省、先知后觉、选择性注意,以及"感知—认知—行动"的一体化。机器的特长表现在空间和时间上计算能力、感知能力和行动能力的范围、强度和精度。因此,我们提出从不同层面理解和分析人机融合。

交互是系统中指令收发、信息传递、知识增长的主要实现途径,是人机融合的展现方式。因此,我们基于交互方式和内容,从信号、信息、知识三个层面来理解和分析人机融合系统。在信号层面,通过最直接、最原始的电、力等信号指令,实现人在回路的闭环反馈系统;在信息层面,通过视觉、语音、文本等多种模态数据及其组合,实现信息双向传输;在知识层面,面向场景,基于行业知识体系,实现人类知识、机器知识的交互和增长。三种交互机制,由具体到抽象逐层递进,同时端的智能化水平也逐层提高,"人"逐渐从回路中走向回路外(见图 4-3)。

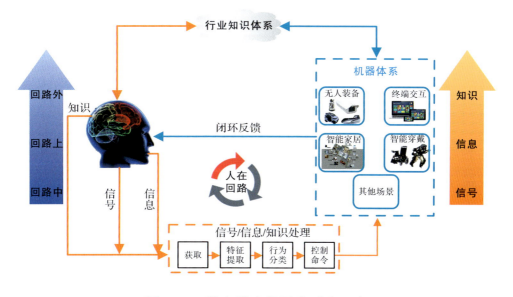

图 4-3 脑+端人机融合系统示意

4.2.1 信号层面

信号层面的人机融合系统,是指人类和机器之间,通过力、脑电、肌电等最原始、最直接、最基础的信息交换,实现生物智能和机器智能的融合。比较常见的信号级人机融合有人操纵机器、可穿戴外骨骼、脑机接口等。

1. 可穿戴外骨骼

"可穿戴外骨骼"本质上是一种人在回路的可穿戴机器人，利用特定的传感器采集人体行为信号，并将其转化为对外骨骼的控制信号，形成人脑到外骨骼端的闭环反馈，实现人类体能的增强和延伸，是一种典型的脑＋端人机融合系统。根据人体信号采集方式的不同，可以分为脑电式、肌电式和动作信号采集式。

在《钢铁侠》《明日边缘》《机械战警》等众多科幻动作电影中，可穿戴外骨骼被以不同的艺术效果呈现给我们。在《钢铁侠》中，主角托尼·史塔克在机械盔甲的帮助下成为"超人"，可上天入地、刀枪不入、力大无穷，同时具备极强的攻击力，仿佛无所不能。在《明日边缘》《机械战警》中也有类似的情节，电影角色借助机械装备，战斗力剧增，冲锋陷阵、所向无敌。艺术作品来源于生活，早在20世纪初，就有欧美国家的发明家研制出依靠压缩空气、蒸汽动力的可穿戴机械装置，是可穿戴外骨骼的原型。今天随着科技的发展，人类已经能研制出具备一定实用性的可穿戴外骨骼产品了，尤其是在军事作战、医疗助残、工业生产领域，对可穿戴外骨骼的高频使用和刚性需求日益明显。

(1) 军事领域　在军事作战领域，可穿戴外骨骼的主要目的是通过智能装备强化士兵的态势感知能力、执行能力，突破生理极限。它借助人工智能、先进传感器及其相关技术，将人类的决策判断能力、人工智能的计算能力、机械的行动能力结合在一起，形成作战场景下的脑＋端人机融合应用。

第4章 脑+端的人机融合

2010年雷神公司对外发布了外骨骼机械装备"XOS2",利用传感器采集穿戴者肢体动作,并通过机械装置为其提供辅助,可以将士兵的力量增强2~3倍。相比于"XOS2",2018年俄罗斯军事公司TsNIITochMash(中央精密工程研究所)展示的一款名为Ratnik-3"未来士兵"的套装更具有科技感,通过新型的超级士兵外骨骼,赋予士兵超人力量。

可穿戴外骨骼对陆地军事作战具有颠覆性的影响,一旦研制出可用于实战的量产化产品,必将极大增强士兵的作战能力,大幅提升军事力量。因此,欧美等军事强国都非常重视该技术的研发,相关成果也频繁被报道。我国的相关研究也取得了重大进展,突破了"人机协同智能传感控制技术""人体运动适应性承载机构设计技术""轻小高效液压驱动技术"等关键技术,发布的相关样机功能和性能指标已经达到国际同类装备水平。中国船舶707研究所、兵器集团202研究所(见图4-4(a))、北方工业公司(见图4-4(b))相继完成军用外骨骼机器人研制,并已逐渐开始实际场景测试应用。

(a) 兵器集团202所星云L70外骨骼机器人　　(b) 北方工业公司第二代外骨骼机器人

图4-4　军事领域可穿戴外骨骼装备(图片来自互联网)

（2）医学领域　高新技术的发展历程，一般都是先从军事作战场景开始，然后逐渐转向工业、民用。例如，卫星导航定位这项20世纪人类伟大的发明，设计之初是为了满足美国军事领域对定位的需求，GPS系统研发完成后推向民用领域，现在已经渗透到我们生活的方方面面。同样，可穿戴外骨骼也正在经历这一过程，最初为了增强士兵作战能力的"智能盔甲"，为因疾病伤残失去肢体行动能力的人带来新的希望。

一些医疗技术水平发达的国家，已经有医疗设备公司在研制这种医疗器械，并逐步推向市场。据报道，一位28岁的美国年轻人史蒂夫·桑切斯（Steve Sanchez），在一场意外交通事故中背部严重受伤，并因此瘫痪。在美国公司SuitX研制的可穿戴外骨骼Phoenix（凤凰）的帮助下，仅用了半小时，就能像正常人一样行走（见图4-5(a)）。相比于国外，国内在该领域也取得了较大进展。哈尔滨工业大学王东岩老师团队设计的5-DoF外骨骼式上肢偏瘫康复机器人系统，能够帮助患者实现部分上肢功能。北京大艾机器人科技有限公司也研制成功了国产化的下肢骨骼机器人，可为失去站立或行走功能的患者提供仿人直立行走功能（见图4-5(b)），旗下的外骨骼机器人艾康、艾动于2018年6月26日获得CFDA注册证。

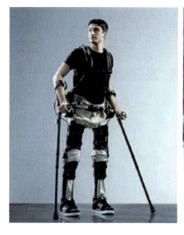 

(a)国外外骨骼医疗机器人　　(b)大艾公司研制的外骨骼机器人

图4-5　辅助下肢运动的医疗可穿戴外骨骼(图片来自互联网)

随着全球范围内人口老龄化,可穿戴医疗外骨骼设备不但可用于肢体康复训练、瘫痪患者恢复行走等需求场景,同时可以用于帮助年老体衰人群日常生活自理,增强其运动能力,提高生活质量。据 Markets and Markets 研究报告,未来几年外骨骼机器人市场将以每年近50%的速度持续增长,预计2021年可增长至140亿元人民币。与国外发达国家相比,国内在该领域的研究相对滞后,处于发展初期。目前,国内虽然有一些科技公司完成了产品样机研制,但还没有进入临床试验阶段,上市产品仍属于空白。

(3)物流、工业生产领域　可穿戴外骨骼在物流、工业生产领域也发挥着重要作用。繁重的重复性流水线劳动容易对从业者身体造成严重损害,因职业病致伤、致残的案例屡见不鲜,极大地影响了相关行业劳动者的从业积极性。因此,众多生产制造类企业一直在积极寻求改善这一现状的方法。可穿戴外骨骼可以给使用者提供力量辅助,还针对一些蹲坐等作业场景提供身体支撑,在保护从业者身体健康的同时提高工作效率。

在物流场景中,频繁的弯腰动作容易对从业者的身体健康带来伤害,因长期搬运重物造成的腰椎损伤事件频发,因工伤引起的诉讼案件也时有发生。因此,顺丰、京东、邦德等大型物流企业已经开始尝试为工人佩戴可穿戴外骨骼,以降低身体损伤,提高工作效率。图4-6(a)展示了邦德物流公司为搬运工人佩戴的背式可穿戴外骨骼。通过肢体运动检测技术,该产品可以在快递员起身的瞬间,为快递员腰部提供助力,从而减少腰部肌肉劳损,增加工作效率。图4-6(b)展示了京东用于物流搬运的外骨骼产品。

(a)邦德物流公司可穿戴外骨骼　　(b)京东可穿戴外骨骼产品

图4-6　物流场景可穿戴外骨骼(图片来自互联网)

目前,工业机器人在生产制造领域发挥了重要作用,但是在一些零散的、非标准化的场景中,依然需要大量人工操作。可穿戴外骨骼不同于工业机器人,虽然不能自主完成作业,但是通过人机融合的方式,可以协助人类工作,并在保护使用者、降低肢体劳损、提高效率方面发挥了重要作用。以汽车生产制造场景为例,在汽车制造生产流水线上,工人们每天要重复抬起手臂千次以上,借助可穿戴外骨骼可使工作变得更加轻松,效率更高。图4-7(a)展示了福特汽车公司为工人佩戴Ekso Bionics公司生产的EksoVest外骨骼产品的生产作业场景。另外,汽车生产流水线工作中的蹲坐场景,对从业者膝盖损伤较大,也是可穿戴外骨骼的典型应用场景。图4-7(b)展示了现代汽车集团研制的无椅外骨骼产品H-CEX,将其固定在腰部、大腿和膝盖,可为使用者减轻身体压力,提供膝盖保护,同时对改善工人工作状态有重要帮助。

(a)福特公司汽车生产线　　　　(b)现代汽车集团汽车生产线

图4-7　工业生产可穿戴外骨骼(图片来自互联网)

除了上述典型应用领域,可穿戴外骨骼在日常生活中也有广泛的应用。在远途旅行、爬山等活动中,外骨骼可以给穿戴者提供保护,并增强体能,增加户外活动的乐趣。

从"脑+端"角度分析,无论是"超级士兵"、让患者恢复行走能力的医疗外骨骼,还是工业生产的"钢铁侠",人机融合系统的核心决策都来自人脑。可穿戴外骨骼是智能端,是人类能力的延伸,是典型的"人在回路中"运行模式。因此,可穿戴外骨骼领域的研究重点一直是"以人为本",如何更好地延伸和增强人类的能力,以及提高端的智能,辅助人类决策。可穿戴外骨骼的未来发展主要集中于三个方向:改进外形、结构、材料,使其更加符合人类生理特点,提供更加全面的防护;采集和应用更加精确的人类意图,并逐渐从末端传感器采集向肌电、脑电采集发展;在增强人类体能和技能的同时,提供更加丰富的态势感知信息。

2. 脑机接口

近年来,被称为"硅谷钢铁侠"的美国科技狂人埃隆·马斯克(Elon Musk)时常发布爆炸性新闻,从科技感满满的特斯拉,到轰动一时的火箭回收,再到火星计划、卫星互联网等,引起舆论广泛关注。2020 年 5 月,马斯克公开对外宣称,其投资的科技公司 Neuralink 脑机接口技术研究获得重大突破,1 年内或可完成人类大脑植入。该技术原则上可以修复任何大脑问题,包括提升视力、恢复肢体功能、治疗老年痴呆症等。该新闻的发布,引发了公众从伦理、道德、技术风险、科技前景等多个角度的广泛讨论,也让公众对脑机接口技术有了更多的认识。脑机接口(Brain – Computer Interface,BCI)是指在人或动物脑(或者脑细胞的培养物)与计算机或其他电子设备之间建立的不依赖于常规大脑信息输出通路(外周神经和肌肉组织)的一种全新通信和控制技术。脑机接口机器人不仅在残疾人康复、老年人护理等医疗领域具有显著的优势,而且在教育、军事、娱乐、智能家居等方面也具有广阔的应用前景。

科技发展日新月异,如何看待人与 AI 之间的关系?马斯克提出"成不了 AI 机器人,也要成为 AI 载体",通过增强智能,让人类的智力变强。基于脑机接口的增强智能,将具备记忆、计算、学习等优势的机器智能和具有分析、逻辑、推理优势的生物智能相结合,打造兼具两种智能优势的混合智能系统。2017年7月,吴朝晖院士在全球人工智能高峰论坛人才发展专场上指出:"新一代人工智能的研究方向,不在于人与机器人之间的高下之分,而在于人与计算机的融合,即以人脑为代表的生物智能和计算机为代表的机器智能的深度融合。"脑机接口的主要应用场景包括基于机器智能和生物智能融合的增强智能、基于脑电通信的智能端交互。根据"侵入"程度,脑机接口主要可以分为非侵入式、半侵入式、侵入式三种方式。

(1)非侵入式脑机接口 非侵入式脑机接口是指无需侵入大脑,通过传感器对脑电、脑磁场、功能性磁共振成像等信号进行采集和分析识别,获得大脑信号。这种技术虽然避免了昂贵和危险的手术,但是颅骨造成了信号的大幅衰减,并且混杂了大量噪声,同时神经元发出的电磁波具有分散和模糊效应,因此最终得到的信号强度和分辨率并不高,信号频率较低,一般小于100 Hz。但由于具有良好的时间分辨率、易用性、便携性和相对低廉的价格,基于脑电的信息分析是最有潜力的非侵入式脑机接口实现方式之一。图4-8(a)展示了一种典型的脑电采集方式。

非侵入式脑机接口实现难度相对较低,对人身体伤害小。美军很早就开始了该项技术研究。据防务一号网站报道,美国国防部高级研究计划局(DARPA)早在2016年就实现了通过脑机接口对外发送命令,并且可同时控制三款不同类型飞机。近年来,DARPA加大了在该领域的投入。2018年3月16日,DARPA生物技术办公室公布"下一代非侵入性神经技术"项目(Next-Generation Nonsurgical Neurotechnology,简称N3)。通过该项目,DARPA想要打造一种类似于智能头盔的便携式、易穿戴的作战装备,通过高分辨率的神经接口,实现对智能装备、通信网络的精确控制,打造"超级士兵",见图4-8(b)。

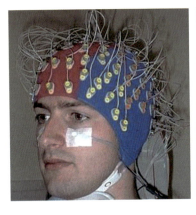

(a)脑电采集　　　　　　　　　　(b)超级士兵

图4-8　非侵入式脑机接口(图片来自互联网)

(2)侵入式脑机接口　侵入式脑机接口是指通过手术等方式直接将电极植入到大脑皮层,获得更加稳定、直接、丰富的脑神经信号,频率可达数千赫兹。但是,由于需要侵入大脑,在目前的技术条件下难度大,手术风险和经济代价大。另外,由于异物侵入,可能会引发免疫反应和愈伤组织(疤痕组织),导致电极信号质量衰退甚至消失。更严重的是,伤口也易出现难以愈合的情况及炎症反应。

由于侵入式脑接口实现难度大,目前国内外技术发展水平基本都处于实验室状态,距离产业化较远。值得一提的是,国内在这一领域的研究处于国际领先水平。图4-9展示了浙江大学发布的最新研究成果。2020年1月16日,浙江大学对外宣布"双脑计划"重要科研成果,该校求是高等研究院"脑机接口"团队与浙江大学医学院附属第二医院神经外科合作完成国内第一例植入式脑机接口临床研究。志愿者张先生是一位72岁的高龄四肢瘫痪患者,通过侵入式脑机接口技术,将大脑运动皮层信号转化为外部机械臂与机械手在三维空间的精准控制命令,实现了基于"意念"的人机融合。张先生不但能通过机械臂握手,还能拿饮料、吃油条、玩麻将。

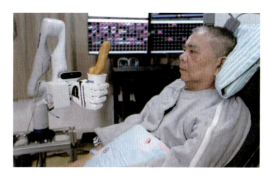 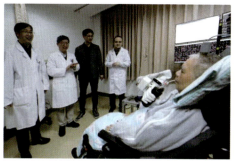

图4-9 浙江大学侵入式脑机接口研究成果(图片来自互联网)

同时,国外一些研究机构也在该领域取得了较大进展。图4-10展示了Neuralink公司的脑机接口产品设计规划。其整体方案主要包括4片植入大脑的传感器芯片N1(已集成无线模块)和1枚内含电池的外置设备。其中,3片传感器芯片放置于运动区域,1片位于感受区域,传感器和大脑皮层之间通过直径为 $4\sim6~\mu m$ 的柔性薄聚合物材料导线连接,外置设备安装于耳后。

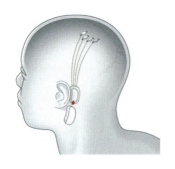 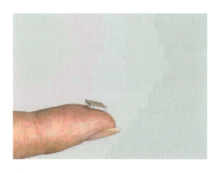

图 4-10　Neuralink 公司的脑机接口产品设计（图片来自互联网）

(3) 半侵入式脑机接口　脑机接口的前两种实现方式中，非侵入式是一种安全、便携、低成本方案，侵入式是一种难度大、危险系数高、信息可靠的方案。和上述两种方案相比，半侵入式脑机接口是一种折中的实现方式，即将脑机接口植入颅腔内，但是在大脑皮层之外，主要基于皮层脑电图进行信息分析。虽然其获得的信号强度及分辨率弱于侵入式，但是却优于非侵入式，同时可以进一步降低免疫反应和愈伤组织的概率。

人脑和计算机都是通过电信号进行信息交换和传输的，因此，具备组成回路系统的基本条件。不管是哪种侵入方式，在脑机接口系统中，生物脑属于"人"，计算芯片或者外围智能装置属于"端"，以"人"为核心形成人在回路的闭环反馈系统。基于生物智能和机器智能特性分析行业场景的实际需求，从"脑＋端"的角度对各分系统功能进行划分，有助于产品优化设计。例如，在医疗康复场景，芯片重点完成对生物脑缺失、功能区损坏进行补充；在增强智能场景，芯片重点发挥其计算、存储优势，与生物脑分析、逻辑、推理优势相结合；在智能穿戴、智能家居、智能装备控制等场景，将脑电等信号转化为外部命令，通过与智能端设备交互，实现执行力量的延伸。

4.2.2 信息层面

信息层面的人机融合,是指将人类的格式化输入、语音、图像等交互信息,转化为与机器通信和控制的指令。长期以来,信息层面的人机交互,是人与计算机系统闭环反馈的主要信息传输方式。自1946年世界上第一台计算机在宾夕法尼亚大学诞生以来,人机交互技术一直伴随其发展,经历了早期手工作业、作业控制语言及交互命令语言、图形用户界面、网络用户界面,以及多通道、多媒体的智能人机交互等阶段。今天,人机交互和人工智能技术相互促进、相互驱动。一方面,以视觉、语音、自然语言理解为主的人机交互为人工智能技术提供了落地应用支撑;另一方面,人工智能技术推动了人机交互的变革和发展,无论是图像识别、语音识别,还是自然语言理解,都在机器学习、知识图谱等人工智能技术的支撑下持续发展。

1. 基于格式化输入的人机交互

通过外部设备的格式化信息输入是最常见、最直接、最简单的交互方式,也最为稳定可靠。通过鼠标和键盘操作电脑,通过按键和触摸屏操作平板电脑、手机,通过按键和触摸屏在银行ATM机、柜台机办理业务,通过按钮、键盘操作工业机器人、数控机床等都属于格式化输入的人机交互。在上述行为中,无论是键盘、鼠标,还是触摸屏、按钮,都是将人类对机器设备的物理操作,转化为数字化的、文本的指令,对机器进行控制。人在回路中的人机融合系统中,基于"观察—判断—决策—行动"(OODA)环运行模式,用户根据机器对命令的执行情况,进行持续的格式化输入,形成闭环反馈系统。

2. 基于语音的人机交互

语言是人类社会信息传输的重要载体,是人与人之间最自然的信息交互方式之一。基于语音的人机交互,是人工领域的一个研究热点。具备语音识别功能的智能端对用户语音数据进行采集、预处理和识别,获得文本信息,结合语意、语境形成对机器的通信和控制指令,并进行执行和反馈。语音识别技术基本原理见图 4-11。

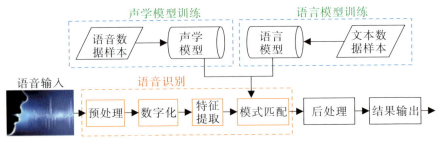

图 4-11　语音识别原理图

基于声学模型库和语言模型库,语音识别技术可以实现对输入语音文件的识别和处理,并获取数字化、文本信息,实现人机交互。目前,语音识别是应用范围最广的人工智能技术之一。无论是智能音箱、教育机器人、娱乐服务机器人等智能家居设备,还是 Siri、微软小冰、Google Assistant、讯飞语音等智能语音软件,都是将人类输入的语音信息转化为指令,实现人与机器之间的信息传输与交互。基于语音的信息交互,使机器具备像人一样的能听会说的能力,具有使用门槛低、信息传递效率高的特点,且能够解放双手双眼,尤其是面向老人、孩子等不方便使用文字的用户群体,以及面向驾驶等不便于手动操作的场景,语音交互的优势更加明显。

自 2011 年苹果推出 Siri 以来，智能语音技术已经取得了长足发展，受到广泛关注。尤其是，随着机器学习的发展和技术突破，语音识别和自然语言处理两方面都获得了相当大的进步。目前，语音系统的单词识别准确率已超过 95%，这意味着它们已经具备了与人类相仿的语言理解能力。相对于其他交互方式，语音产品提供了更自然、更便利、更高效的沟通形式。因此，语音注定将成为主要的人机互动接口。根据美国投资机构 Mangrove Capital Partners 发布的《2019 年语音技术报告》预计，2025 年语音经济规模将达到 1 万亿美元，超过移动应用经济。

语音交互技术目前仍然存在一些瓶颈有待突破，限制其在更多场景开展更深层次的应用：开放复杂场景下的语音识别技术无法处理未经学习训练、数据库中没有的语音特征；智能语音设备抗干扰能力较弱，当存在较大环境噪音时，语音识别准确率将急剧下降；在自由交流场景中应用时，错误率仍然较高，尤其是涉及专业知识比较多、口语化严重情况下的语音识别；现阶段的语音识别缺少行业知识大脑支撑，难以像人类一样通过语音获取信息，比如通过语音获取语义蕴含的丰富知识，通过语义、语气、语调多方面获取信息等。

3. 基于视觉的信息交互

类似于语音识别，视觉感知通过机器智能对图像进行处理，模拟人通过双眼感知世界。视觉感知也是当前人工智能技术的一个主要研究方向。在面向场景的应用中，人脸识别、面部表情分析、身体运动跟踪、手势识别、姿态识别、眼动跟踪、物体识别等都是当前的热点。在过去的几十年，视觉识别技术经过了长足发展，尤其是 2006 年深度学习被提出以来，2012 年 Hinton 团队设计的 AlexNet 以远超第二名的成绩获得了 ImageNet 竞赛冠军，随后诸如 VGGNet、GoogleNet 等优秀的模型被相继提出。从小样本到大数据，从手工特征到深度学习，以视觉识别为基础的智能交互逐渐走出实验室，应用到智能终端和机器人，在安防、应急、工业生产等多个领域大规模应用。目前基于人工智能的人脸识别算法的识别准确率已普遍超过 99%。

格式化输入、语音、视觉是从交互信息内容的角度进行分类，在面向实际场景的应用中，基于多种方式的跨模态人机交互更具有优势。每种交互模式都有其优点和局限性，通过多种传感器和接口，整合声音、手势、面部表情、格式化输入等所有信息，将会极大增强人机融合系统的环境适应性、准确性、稳定性，提高交互效率，并在开放的复杂场景应用中发挥出巨大优势。但是，在没有行业知识体系支撑的情况下，人机融合系统交互的深度和广度都会受到极大限制，只能停留在简单字面含义。比如，通过语音交互实现机器点播歌曲、诗词朗诵、讲故事等行为，并不能理解歌曲韵律的优美、诗词寓意的深刻、故事的趣味。信息层面的人机交互系统主要依靠"人在回路中"通过各种方式发出指令，并根据系统反馈不断修正。

4.2.3 知识层面

平台经济迈入产业互联网时代，知识共享、生态平台成为典型特征，承载行业知识大脑的数字化模型和行业端应用成为平台交易的重点。从钱学森的"综合集成研讨厅"思想中可以

第4章 脑+端的人机融合

看出，在知识层面的人机交互，重要体现在人机融合构建知识体系。

人机融合的知识生产系统，可以理解为构建行业认知"大脑"的系统。通过对人与人、机器与机器、人与机器之间交互的知识和信息进行采集、储存、传递、分析与综合，最后实现面向行业场景的知识体系的构建与运用。将人类专家已有的显性行业知识形式化、标准化，充分利用机器的高性能计算、处理和分析能力挖掘场景大数据中的隐性知识，使人机融合扩大知识再生产，从而在实践中不断丰富行业"大脑"的知识资源。一方面，充分发挥人的场景认识能力，从整体上对系统进行把握，通过机器拓展人的行动能力和逻辑思维能力，通过平台汇聚人类群体的行业知识；另一方面，充分发挥机器智能的计算优势，挖掘人类未知的大量隐性知识，同时依托人类的显性知识支撑机器认知智能发展。

匈牙利哲学家、化学家迈克尔·波兰尼（Michael Polanyi）在1958年从哲学领域提出显性知识和隐性知识的概念。波兰尼认为，人类的知识有两种：通常以书面文字、图表和数学公式表述的是显性知识；还有一种未被表述的隐性知识，就像我们在做某事的行动中所拥有的知识。显性知识是以词汇、数字、表格和视觉影像等形式存在的知识，可以通过数据、公式、规范、指南等形式共享。这是一种可以在个体间直接进行正式和系统传播的知识。隐性知识是指那种我们知道但难以言述的知识，就像深度学习中那些海量参数的意义，但它却深深植根于个人的行为、经验以及他所具有的理想、价值观和情绪中。

我们无时无刻不在产生大量的隐性知识,隐性知识先于显性知识产生,并且构成了显性知识产生的情景。

知识创新的关键在于隐性知识和显性知识持续不断的交互,而隐性知识更是关键中的关键,所有知识都源于隐性知识。隐性知识是通过与他人和环境的直接交互而感知的情境和实体知识。人类是在与环境交互过程中学习和成长的,系统化的教育体系构建了人类特有的传承学习生态,有效实现了基于群体智能的知识传播和累积。我们理解显性知识和隐性知识的关系,就像今天的知识图谱和深度学习,当然实际上比这要复杂得多。清华大学刘知远的著作《知识图谱与深度学习》中提出"知识图谱＋深度学习＝无穷",这个"＋"是关键,也是难点。在学术上这是符号主义与联结主义两大学派的融合,在知识层面这是显性知识和隐性知识的融合,而在实践中我们更会发现这是人机融合带来的无穷。就像小孩子学轮滑,教练口头传授的是显性知识,孩子自主训练的是主平衡的小脑神经网络。将人类传承学习的显性知识图谱与机器自主学习的隐性神经网络相结合,搭建知识共享、联邦学习的生态支撑平台,发挥群体智能、智力共享优势,推动资源和要素的解耦、整合和重构,推动专业软件库、应用模型库、产品知识库、测试评估库、案例专家库等基础数据和工具的开发集成和开放共享。

知识是人类在实践中认识客观世界和自身的成果,是人类从各个途径中获得的经过提升总结与提炼的系统认识。因此,知识级人机交互是人和机器之间更高级别的信息传递,一般存在于人和高自主智能机器协同中。例如,L5级自动驾驶车、

"机器人同事"、"机器人战友"等。在知识级人机融合系统中，机器在行业知识大脑的支撑下，具备一定的自主决策能力，不再是简单的人类感知和执行力量的延伸，还是人类智力的延伸。人类在和 L5 级自动驾驶车交互过程中，机器不再仅仅是通过视觉和听觉获取信息并转化为数字化命令，而是在行业知识大脑的支撑下，通过跨模态融合感知精确理解用户意图，并为用户提供出行、娱乐、日程安排、饮食推荐等全方位个性化服务。同时，在日常工作、医疗、工业生产、军事作战等多个场景中，具备决策能力的智能机器人可以自主完成工作，并在和人类交互的过程中相互学习，共同进步！机器的目的是要让人类更幸福、更智慧地生活。机器也不是万能的，很多场景并不能完全替代人类，最终需要人机融合的系统解决方案。

4.3 人机融合的系统应用

随着机器人、边缘计算、智能芯片技术快速发展，端设备的智能化程度不断提高，智能化无人系统是大势所趋。如何解决人与机器之间的平衡，是人机融合应用的核心问题。在涉及与人类交互安全场景的指挥决策时，不论是当前技术状态还是从伦理道德上来讲，机器都不会完全取代人，每个机器的背后还是人。高度智能化的无人系统不仅具有感知和分析决策能力，更具有自主学习和理解能力。在网络环境下，其通过"人在回路"进行操作或管理，自动或自主完成特定任务，全过程以人的监测为主，即人在控制回路之上。

在"人在回路"的脑＋端人机融合系统中，人和机器通过密切协作充分发挥各自优势,在面向不同行业场景应用时,从实际出发,灵活运用。一方面,人类通过交互学习实现知识的传承、分享与增加,在复杂场景的逻辑推理、分析决策等方面表现出明显优势;另一方面,随着人工智能技术的不断突破,计算智能的优势逐渐增加,正从感知智能向认知智能迈进。在脑＋端人机融合系统中,人类智能和人工智能在博弈中演进,相互学习,共同成长。

4.3.1 人在回路的角色演变

工业革命的过程就是人与机器之间关系的演化过程。在机械化和电气化时代,汽车、轮船、飞机、火车等机械化工具在物质和能量方面大大提升了人类在物理空间改造世界的行动能力,人与机器的关系是物理接触式的人在回路。在信息化和网络化时代,信息空间提升了人的远程感知和控制能力,遥控机器人、遥控无人机使人与机器摆脱了物理空间的接触束缚,人在回路中远程遥控。同时随着自动化技术的发展,高铁、地铁等结构化轨道交通实现了人在回路上的监视,解放了司机的双手。今天,我们逐步迈向智能化时代,机器变得越来越智能,人与机器之间的分工协同变得越来越重要。医疗机器人配合人完成远程诊疗,无人车配合人完成自动接驳,脑机接口技术更是让机器直接与人类大脑交互协同。未来随着机器人智能技术的发展,机器将能够面向更多场景。从无人系统的视角而言,人逐步走到了回路之外。例如,L5级是无人车发展的终极状态,不需要人类参与即可处理任何情况。在人机融合系统中,人在回路中的角色演变如图 4-12 所示。

图 4-12 人在回路中的角色演变图

我们通过自动驾驶来理解人机关系的演变。近年来,汽车自动驾驶技术研究被推向前所未有的高度,吸引了全球大量的高科技企业、研究机构、金融投资机构参与其中,耗费了巨大的人力、物力和财力,成为当下人工智能科技浪潮的弄潮儿。2016年美国汽车工程师学会(SAE)和美国高速公路安全管理局(NHTSA),分别发布了自动驾驶技术的分类标准,如表 4-1 所示。

NHTSA 和 SAE 分别把自动驾驶分为 5 个等级和 6 个等级,其中后者较为通用。两种分类标准中 L0-L3 等级定义相同,主要区别在于 NHTSA 发布的 L4 等级将 SAE 发布的 L4 和 L5 等级进行了合并。我国工业和信息化部也于 2020 年 3 月 9 日在官方网站公布了《汽车驾驶自动化分级》推荐性国家标准,拟于 2021 年 1 月 1 日起实施,其分级标准和 SAE 发布的 6 级分类标准基本吻合。L0 级别是指没有任何智能的车辆,完全由人来驾驶;L1 级别是指只解放人类驾驶员的双

表 4-1 自动驾驶等级分类表

自动驾驶分级		名称	定义	底层执行	环境感知	驾驶权	应用场景
NHTSA	SAE						
L0	L0	人工驾驶	由人类驾驶员全权负责车辆驾驶行为	驾驶员	驾驶员	驾驶员	部分限定场景
L1	L1	辅助驾驶	车辆实现方向盘、制动、油门中的一项控制,驾驶员控制其他	驾驶员/车辆	驾驶员	驾驶员	
L2	L2	高级辅助驾驶	车辆实现方向盘、制动、油门中的多项控制,驾驶员控制其他	车辆	驾驶员	驾驶员	
L3	L3	条件自动驾驶	车辆实现绝大部分驾驶操作,驾驶员保持注意力,随时接管	车辆	车辆	驾驶员	
L4	L4	高度自动驾驶	在限定场景下,车辆实现自动驾驶操作,无需驾驶员	车辆	车辆	车辆	
L4	L5	完全自动驾驶	在全部场景下,车辆实现自动驾驶操作,无需驾驶员	车辆	车辆	车辆	全场景

手或者双脚;L2级别是指同时解放人类驾驶员双手和双脚,但是驾驶员仍需保持专注,时刻准备接管车辆;L3级别是指在特定环境下实现有条件自动驾驶,当不满足自动驾驶条件时,随时切换至人工驾驶;L4级别是指在限定场景下高度自动驾驶,无需人类驾驶员;L5级别是指全场景完全自动驾驶,是自动驾驶的终极状态。

目前行业对自动驾驶技术有了更深入的认识,上述分类只是从技术角度进行了划分,但是从产业化、产品化的角度看,并非每种级别都是必经阶段,也并非每个级别都可以独立走向市场。目前市面上量产车型的智能化基本表现在主动安全、车道保持,大多仅对应于L1;另外,自动泊车作为高级辅助驾驶功能,也逐渐成为中高端车型的标配;关于L2的产品化一直存在争议,量产车型主要以特斯拉为主,在L2驾驶模式下由于驾驶员睡觉导致车毁人亡的事故屡见不鲜。从应用角度看,在双手和双脚都解放的驾驶模式下,驾驶员更加难以保持专注,并且在应对突发事故时匆忙接管车辆,难免手忙脚乱。另外,在这种情况下交通事故的责任主体将难以界定。因此各大汽车主机厂L3级自动驾驶的量产时间表一再拖延,但是面向港口、农业、园区等限定场景、限定速度的L3级自动驾驶应用已如火如荼地展开。

自动驾驶本质上也是人在回路的脑+端人机融合系统,从L0到L5的演变过程也正是人类驾驶员从回路中走向回路外的过程。在L5模式下,人不需要参与到具体的驾驶行为中,而是按照实际需求和智能车进行交互,比如设置起始点、变更目的地等。在车辆传感器和人工智能算法不成熟、水平较低的情况下,驾驶员要承担更多感知、规划、决策和控制工作;随着车辆智能化水平的提高,其在感知、计算方面逐渐表现出明显优势,可进行确定性、简单场景的决策、控制;车辆智能化水平持续提高和突破,车载计算平台作为驾驶脑,充分学习人类驾驶行为,并将人类知识形式化,实现 HI 和 AI 相结合。因此,从场景需求的角度出发,无论是出行、干线物流等高速车辆,还是末端物流、清扫、巡逻车,都需要实事求是地根据技术水平、场景特点,从实际出发,按照人和机的特点,灵活配置职能,难以通过6个级别简单划分。尤其是在具体场景中,除了自动驾驶功能以外,车辆还要承担清扫、巡逻任务,更需要人类知识的参与。

随着人类社会机械化、自动化、智能化的进步和发展,人在回路的系统中,机器在越来越大的程度上延伸了人类的体力、智力。例如,农业机器人促使农民进城、专家种田、黄牛退休、铁牛耕田。曾经的很多工作岗位都会发生改变,一些岗位被机器人替代,但同时又自然涌现出新的工作岗位,人类依然是社会的主导!

4.3.2 无人系统带来指挥关系的演变

海湾战争以来,以无人机为代表的无人系统被大量运用于军事作战,尤其是在与阿富汗、伊拉克等的战争中,美军先后使用上百种无人机型执行情报采集、侦查、监视、目标捕获、火力打击等军事行动。基于远程通信的音视频交互和无人系统的应用,人在回路的人机融合系统将人类战场感知和武器打击能力拓展至千里之外。无人系统的发展改变了战场规则,非接触、非对称成为常态;同时改变了传统的指挥控制关系,各级指挥官对无人系统的控制权发生了改变,如"战略下士""战术将军"[28]。

1. 战略下士

在高科技战争中,基层部队和年轻士兵将获得对强杀伤力武器的控制权,一次战术行动也能产生战略性的影响。例如,1988年7月3日美国"文森斯"号巡洋舰在波斯湾巡逻时,"宙斯盾"雷达系统屏幕上的图标看上去像一架伊朗的F-14战斗机。尽管对方的航速和方向稳定,没有任何攻击行为,而且二次雷达发出的信号表明这是一架民用客机,但是执勤的水兵仍然按下了发射的按钮,致使"空中客车"上290多名乘客和机组人员全部遇难。在反恐战争中,无人机的操纵者往往都是年轻人或入伍不久的士兵,但他们可以左右后援行动的军事效果。执行地面作战任务的20岁下士,有权呼唤飞机或无人机实施精确打击或定点清除,而在过去,只有40多岁的校官才有权这样做。这样的战士被称为"战略下士"(strategic corporal)。

反恐战争对无人机操控者的素质要求越来越高,他们所处的环境充满压力,通常要处理数十条实时消息。这些下士要盯着3个屏幕(导航地图、飞机的技术参数、视频态势),要不断检查来自无人机的实时视频,还要与情报分析人员和在该区域内的飞行员进行电话交谈。后方作战支援要协调三类角色(指挥官、情报人员、空勤保障人员),他们通常要连续工作12小时才能轮岗休息。这样的工作环境很容易导致操作员信息过载,难以保证快速决策的正确性。例如,美军在阿富汗战争期间执行定点清除任务时,发生过一起严重的无人机误炸事件,共造成23名平民伤亡。无人机操作员在监视无人机反馈的视频图像时,没有注意到人群中出现儿童这一事实,而是武断地认为聚集的人群有潜在威胁,从而下达了投弹指令。所以在遥控的战争中,对图像的正确判读、理解极为重要,也说明这些"战略下士"缺少亲临前线的实战经验。

2. 战术将军

在信息技术的支持下,远在千里之外的将军直接介入战场

的例子也屡见不鲜。在无人机作战过程中,高级指挥员有能力在5000英里外实施越级指挥,这被喻为手握"5000英里长的螺丝刀",一竿子插到底。在伊拉克作战的一名美军营长举例说,在一次战斗中,先后有一位上将、两位中将、一位少将对其部队的部署指指点点,这些人肩上的将星加起来有12颗之多。这些将军被称为"战术将军"。

"战术将军"的最大特点是偏爱微观管理。例如,美军一位四星上将花两个多小时观看从前方传回来的视频画面,然后下达命令,指示要投多大当量的弹药,投到什么地方。一位特种作战部队的上尉带领小分队追击一名伊拉克叛乱分子时,军衔高出其四级的一位准将,在旅指挥所里通过无线电直接和他联络,通过观看"捕食者"无人机传回的图像向他下达命令,甚至指挥到每一位士兵的部署。一位将军坐在有空调的指挥大厅内观看视频,看到基层军官军服不整,敞开衬衫,取下头盔,他就通过无线电把下级批评了一通,殊不知此时部队正在山区执行作战任务,"炎炎夏日似火烧"与"公子王孙把扇摇"形成鲜明的对照。还有一个极端管理的例子。"乌鸦"无人机操作员发现武装分子正在路边安放简易爆炸装置,他向长官报告发现的危险,请求立即打击。但长官在显示屏上看不清楚武装分子的画面,一再要求降低无人机的盘旋高度。最后这名士兵操纵无人机直接撞到了武装分子身上,双方同归于尽,然后向上级报告:"长官,现在您看清楚了吗?"

信息技术的进步可助力将军们越级指挥,但这并不意味着他们应当这么做。信息战争时代的将军们必须准确判断何时应亲自干预,何时可以下放指挥权,授权基层部队自主行动。如果将军做了战地指挥官分内的事,那么本该将军把握的宏观战略和方针政策问题又由谁来解决呢?令战地指挥官感到悲哀的是,将军们总是认为下级没有很好地理解指挥意图,但谁能比指挥官本人更好地理解他的意图呢?于是越级干扰指挥的痼疾在微观层面表现得淋漓尽致。将军们总是过高地估计其对战场态势的实时感知能力,越来越希望亲自监控战场的情况,致使战地指挥官事无巨细均要请示。就像小孩做什么事情都要问妈妈:"我可以这样做吗?"

3.任务式指挥与启发式控制

无人机技术使传统指挥体制的金字塔架构面临瓦解的危险,结构的中上层消失了,因此更有必要提倡任务式指挥(mission command)和启发式控制(enlightened control)。任务式指挥的基本原则有三条:明确的意图、共同的理解、充分的信任。此外,符合纪律的主动性,使用任务式指令,承受经慎重考虑的风险,也是任务式指挥的必要条件。高级指挥官应向儿童足球队的教练学习,不需要全面掌控每个人的行动路线或动作,只需明确各队员的位置和职责,防止小孩乱哄哄地去抢球,而没有人守球门。启发式控制或开明的控制强调以监督为主,控制为辅。其基本思想与任务式指挥有类似之处,强调高层指挥官只需设定大的目标和大的计划,命令应足够简洁,然后让聪明的参谋、军官们列出详细的计划,并对形势做出自己的判断,据此采取行动。将军们向现场指挥官下达的指示不要太多,不要以为"没有自己,部队什么任务也完成不了",向低级指挥官放权是为了实现整体上灵活高效的控制。

虽然无人机在反恐战争中发挥了重要作用,但效果并不理想,它形成了如下悖论:无人机杀死的无辜平民比杀死的恐怖分子要多,因无人机杀戮制造的仇恨导致新生的恐怖分子比杀死的恐怖分子要多。因此,无人机又被称为无"仁"机——没有仁义、并非仁慈的飞机。在这场非对称的战争中,暴恐分子认为,他们无需打败美军,只需比美军坚持得更久,美军就会难以自拔。诚如美军驻阿富汗部队的前指挥官戴维巴诺中将所言:"美国有时间表,而他们有的是时间。"因此,美军的反思是,在反恐战争中,无人系统未必能迅速发挥决定性作用,高素质的军队和高明的战术远比高科技的无人系统更为有效。

无人系统作战本质上也是脑+端的人机融合系统,无人系统的运用延伸了人类的感知和执行能力。今天这种智能端的能力越来越强,但指挥战争的人类指挥员依然是整个作战系统的"脑",对系统具有最终决策权。无人机战场应用所暴露出的问题,恰恰说明很多时候"战略下士"的军事素养不足以支撑"作战脑"的更高要求。面向场景的行业大脑的构建,需要人机融合的决策知识体系。

4.3.3 人机融合技术在军事领域的发展趋势

人机融合技术一直是军事领域重点关注的研究方向,通过无人系统、智能穿戴、外骨骼、脑机接口等技术的持续研发投入,新兴技术不断突破,离实战化应用越来越近。2018年10月美国国防情报局局长罗伯特·阿什利(Robert Ashley)在美国陆军协会(Association of the United States Army)年度会议上表示,"人机融合"是颠覆性技术的一个关键领域,将会影响美国的国家安全。人机融合不仅涉及人和无人系统之间的协同,人和作战装备之间的协同与交互同样重要。人机协同方式能使机器帮助人更好和更快地做出决定。以F-35战斗机为例,该机型具备多种数据感知能力,自行联系、分析和判断,并将结论实时传输至飞行员的头盔显示屏,通过人机融合协助飞行员作战。面向实战,将"人体自主意识"同人工智能技术结合起来,积极研发人机融合系统的军事应用,向下一代作战转变,这是美军"第三个抵消战略"的一部分,它将超越最新技术,聚焦于对敌人的常规威慑以及战场作战,以抵消其他国家的技术进步。近年来,美军在人机融合发展方向的投入持续增加,通过"超级士兵""无人系统""深绿"等项目的快速推进不断增强部队在未来战争中的作战能力。

1. "超级士兵"计划

各国一直热衷于让士兵拥有"特殊"能力的研究。1990年从美军退役后转入DARPA工作的四星将军保罗·戈尔曼在一篇学术论文中首次提出"超级士兵"的构想。戈尔曼认为,部队应研发使战场上脆弱的人变成"超级士兵"的"骨骼外衣","让士兵具备强大的指挥、控制、通信和情报能力"。2018年美国陆军研究实验室委托美国安全中心进行"超级战士"系列研究,发布《提高士兵生存能力的策略》《新兴技术》《人效增强》《保护士兵免受爆炸伤害》《当前士兵保护》《超级战士:总结和建议》等报告。该研究旨在确定在未来20～30年内提高士兵生存能力和作战能力的概念。2019年11月19日,美国陆军作战能力发展司令部化学生物学中心向美国国防部提交了题为《2050年机械战士：人机融合与国防部的未来》的报告，涉及可用于未来战争的四大变革性技术：脑机接口、视觉增强、听觉增强和外骨骼战斗服等。报告中强调的这四项技术，正是人机融合技术在美军取得重要应用的体现。我国的"超级士兵"计划也在快速发展，近年来取得了显著成果。

（1）脑机接口　脑机接口属于信号级交互层面的人机融合，上文已经对该技术及其应用场景进行了较为详细的介绍。在这里我们从面向作战场景应用的角度，分析该技术在军事领域的应用现状及发展规划。脑机接口能够将大脑信号转化成直接控制外界武器和机械设备的电信号。DARPA启动了一系列脑机接口研发项目，不断推动该技术的突破。2016年，DARPA分别启动了基于侵入式脑机接口的"神经工程系统设计"（NESD）项目、辅助士兵脑控制的"革命性义肢"项目。2017年，DARPA启动了基于非侵入式脑机接口的"重建主动记忆"（RAM）项目。2018年，DARPA启动了旨在研究多个脑位点同时读写，实现人机多任务协同的"下一代非侵入性神经技术"项目。2019年，DARPA启动的"沟通+"项目，首次将脑机接口扩展到脊髓接口，或可进一步提高士兵通过神经控制多设备的能力。通过上述项目，DARPA使脑机接口技术从侵入大脑、单一任务向非侵入大脑、多任务协同不断发展。预计到2030年，特种部队、军事飞行员、无人机操作员和情报人员将开始使用神经植入物。

（2）视觉增强　为了改善用笨重的夜视镜增强士兵视觉能

力的现状，美军正在研究更深层次的人机融合方案。半机械眼是未来发展的方向之一，有两种技术实现途径：①在眼球上放置一个"眼睛增强系统"，士兵可以在其中学习如何解读收集到的数据；②眼球将被物理取出，并被替换为增强眼球，其收集的数据将"直接进入眼睛后面的视神经束"。围绕作战场景的视觉增强技术应用，DARPA开展了"神经工程系统设计计划""士兵视觉增强系统"等多个项目，旨在通过脑科学、先进传感器、新材料、芯片技术，为士兵提供更全面的战场环境感知，例如使失明者恢复视觉的高保真度大脑植入芯片、具有增强现实功能的隐形眼镜、具有夜市能力的微型镜片、可实现"裸眼观测红外"的视网膜增强技术等。

（3）听觉增强　尽管某些国家的士兵目前装备了屏蔽噪音的耳罩、恢复听力的物理耳蜗等听力增强设备，但应用效果并不理想。各国军方正在研究的听力增强设备将会有更好的效果、更容易穿戴、对士兵伤害更少。例如，美国普林斯顿大学利用3D打印技术制造出可以接收声波与超声波信号的仿生耳；美国杜克大学科学家发现了小鼠大脑中存在从大脑运动皮层到听觉皮层直接连接的内置噪声消除回路，可使大脑学会对可预测的自发运动声音进行消除并避免做出反应。

（4）可穿戴外骨骼　类似于脑机接口，可穿戴外骨骼也属于信号机交互层面的人机融合，我们在之前的内容中对其进行了较为全面的介绍，其在军事、医疗、工业生产、日常生活等领域都有极好的发展前景。在这里，我们将重点面向军事作战场景应用，分析可穿戴外骨骼在军事领域的发展现状和未来趋势。世界各大军事强国都在大力发展可穿戴外骨骼技术，其中，我国军工研究所研制的相关产品已达到了国际先进水平，尤其是中国船舶、兵器集团等所属研发机构的成果，已经逐渐从实验室走向实际应用。

2. "无人系统"发展规划

一直以来，军方都将无人系统作为其长期占据军事优势的重要技术手段之一，并始终确保研发和应用的最前沿地位。在无人系统开发方面，美军在对阿富汗、伊拉克等多次战争中，应用上百种无人机型积累了丰富的实战经验。此外，美国陆军和海军陆战队在伊拉克、阿富汗战争中也积累了丰富的无人地面车辆驾驶经验，可操纵无人车进行战术侦察和摧毁简易爆炸装置。美国海军拥有的大量无人水面艇和无人潜航器，可执行海上情报监视和侦察、海底环境测绘及反水雷行动等多项任务。

相对于国外，我国军用无人系统起步较晚，就无人机而言，20世纪60年代中后期才正式开始军用无人机研制。但是，经过30年的发展，到90年代，我国已逐渐形成了"长空一号"靶机、某高空照相侦察机、某系列无人机等以侦察、保障为主要功能的无人机型号。2011年，中国无人机部队在位于东南某省的空军基地建立。多年来，这支部队通过日常训练、军事演习、勘察救灾等多种锻炼方式，为我国无人机的军事应用积累了丰富的作战经验。

近年来，军方一直致力于增强无人系统的自主性，尽量减少人工干预，让指挥员从回路中走向回路外。但实际上，目前无人装备离不开指挥员的决策控制。正如美国海军部长雷·马布斯所说："好莱坞向我们展示了未来机器人军队，但真相是无人驾驶系统离不开人类的控制。我们不打算把人类排除在这个循环之外，但是我们认为是时候重新定义人类在这个循环中的位置了。"2018年8月28日美国国防部在推迟了一年后公开了新版的《无人系统综合路线图（2017—2042）》，这也是2000年以来美国国防部发布的第八版无人系统路线图。这一版路线图的突出特点是面向作战场景，针对军事需求，直面问题，从联合和融入的角度提出努力的方向，强调了自主平台战争的发展趋势以及人机协作的发展方向。

（1）自主性　路线图指出自主性和机器人技术的进步有可能成为重要的力量倍增器，彻底改变作战概念，大大提高有人和无人系统的效率和效能，为国防部提供战略优势，并提出人工智能和机器学习、效率和效能、信任、武器化等四项推动因素。人工智能技术的发展和突破将增强美军的感知能力和自主性，同时，无人系统装备由作战和执行任务的跟随模式，逐步过渡到集群化。最重要的是，无人系统、智能装备的定位是武装僚机、队友，战争的决策权依然掌握在人类手中。

（2）人机协作　在互操作性、自主性、安全网络的基础之上，美军最终要实现人机协同，通过人与机器知识层面的人机融合，机器将成为关键的队友。路线图认为，美军目前面临的一个主要挑战是操作者和无人平台之间的信任问题，未来的发展方向是通过实现人机的无缝连接，减少人类操控的工作量，因此提出人机接口、人机编组两项推动因素。其中，据路线图规划，人机接口将从控制多个系统角色向人机对话转变，实现任务共享，最终实现机器对人类意图的推测，进入知识层面人机深度交互模式。在人机编组方面，路线图规划，通过无人系统和智能装备的使用，从目前减轻负重（如大狗）、减少人的飞行架次，逐步过渡到知识层面人机融合，将实现机器人队友，大幅减轻作战人员的认知负担。

3."深绿"计划

受1997年人机象棋大战中"深蓝"的启发，美国2007年就启动了"深绿"（Deep Green，DG）计划，研发下一代作战指挥和决策支持系统。虽然由于技术瓶颈、经费支撑的原因几经波折，但是其指明了人机融合构建智能决策系统的发展思路，把"观察—判断—决策—行动"（OODA）环路中的"观察—判断"环节通过计算机多次模拟仿真，演示出采用不同作战方案可能产生的效果，对敌方的行动进行预判，让指挥官做出正确的决策，缩短制定和分析作战计划的时间，主动对付敌人而不是在遭受攻击后被动应付，从而使美军指挥官无论在思想上还是行动上都能领先潜在对手一步。

"深绿"系统主要由名为"指挥官助理"的人机交互模块、名为"闪电战"的模拟模块、名为"水晶球"的决策生成模块组成。"指挥官助理"模块主要完成人机对话功能，可将指挥官手绘的草图和表达指挥意图的相应语言自动转化为旅级行动方案（COA），帮助快速生成作战方案和快速决策。"闪电战"模块是"深绿"计划中的模拟部分，通过利用定性与定量分析工具，可以迅速地对指挥官提出的各种决策计划进行模拟，从而生成一系列未来可能产生的结果。该模块具有自学习功能，对未来结果预测的能力可不断提高。"水晶球"模块将能够根据作战过程中的信息及时对未来作战进程进行更准确的预测。其主要功能包括：在生成未来可能结果的过程中,接收来自"计划草图"的决策方案,然后发给"闪电战"模块进行模拟,随后接收来自"闪电战"模块的反馈,并以定量的形式将所有未来可能的结果进行综合分析;从正在进行的作战行动中获取更新信息,同时更新各种未来可能结果的可能性参数;利用这些更新的可能性参数,对未来可能的结果进行分析比较,向指挥官提供最有可能发生的未来结果;利用分析结果,确定即将到来的决策点,提醒指挥官进行再决策,并调用"决策草图"。

正如今天我们需要结合数字孪生、人工智能等技术的发展重新认识钱学森"综合集成研讨厅"思想,对于"深绿"计划的思考、理解和研究也需要与时俱进。2018年9月DARPA在"下一代人工智能"中设想,未来机器不仅是执行人类编程规则或从数据集中归纳推演的工具,其将更多地作为人类指战员的同事。因此,DARPA对人机共生方面的研究和开发确立了与机器合作的目标,将先进技术融入与作战人员合作的军事系统中,将有助于在复杂、时间紧迫的战场环境中做出更好的决策;能够共同理解大量、不完整和矛盾的信息;使无人系统能够安全地执行关键任务并具有高度自治。DARPA将其投资重点放在第三次人工智能浪潮上,这种人工智能带来机器的理解和推理。

4. 其他人机融合项目计划

空战演进(ACE)项目:DARPA于2019年5月正式启动空战演进(ACE)项目,该项目是为实现其新型作战概念——"马赛克战"(Mosaic Warfare)而开展的项目之一。在这一作战概念中,人类将在开放复杂的环境中与自主武器系统紧密协作,使用人工智能战术进行战斗。ACE 项目将自动空中格斗的战术应用到更复杂的、异构的、多飞机的战役级模拟场景,通过解决人机协作的问题,增强人们对战斗自主性的信任,为未来实时、战役级的"马赛克战"试验奠定基础。按照规划,项目将采用自下而上的方式开发战斗自主性的性能及对自主能力的信任,利用实际战场复杂环境训练人机协同空中缠斗模型算法,通过人工智能辅助使飞行员能够专注于更大规模的空战和向任务作战指挥官转变。该项目标志着美军已从当前飞行员普遍信任的基于物理学的自动化,过渡到实现未来有人无人协同所必需的更为复杂的自主能力。据美国空军技术网站 2020 年 5 月 7 日报道,Dynetics 公司已经赢得该项目为期 18 个月的第一阶段仿真环境下的合同研制,未来第二、三阶段将在复杂的实战场景中开展无人机、有人/无人机协作研究。

"指挥官虚拟参谋"(CVS)计划:"指挥官虚拟参谋"(Commander's Virtual Staff,CVS)是美陆军 2016 年底启动的人机融合军事项目,是继"深绿"后美军发展指挥控制智能化的又一重要举措。项目借鉴 Siri、Watson 等产品理念,扮演类似参谋或助手的角色,旨在通过人机协作的方式,综合应用认知计算、人工智能和计算机自动化等智能化技术,应对海量数据源及复杂的战场态势,为指挥员提供主动建议、高级分析及针对个人需求和偏好的自然人机交互,进而为陆军指挥官及其参谋制定战术决策提供从规划、准备、执行到行动回顾的全过程决策支持。

软件安全(CHESS)项目:2018 年 4 月为解决扩大和加速

漏洞检测能力所面临的挑战，DARPA 信息创新办公室启动了人机探索软件安全项目。该项目旨在实现人与计算机协作处理软件工件，通过技术突破，使系统能够适应复杂软件生态系统不断增长的速度和规模，发现并解决"零日漏洞"的功能。从基于人力驱动的手动过程，转变为基于先进的计算机与人类协作的过程，为更广泛的技术或潜在非技术专家提供机会，以协助检测和修复已知和未知的威胁。

2018 年 4 月 25 日美国战略与预算评估中心发布《未来地面部队人机编队》报告，明确发展三大人机编队形式。①人、机器人编队：致力于人机合作伙伴关系以及了解人如何与机器合作伙伴进行互动，旨在研发监视、可分派给大型机器人编队的任务以及与机器人编队互动的能力。②人、AI 编队：人与 AI 的组合可主要应用于战略和作战规划以及分析未来活动。这需要开展既与人、机器人编队相关却又与之不同的专门分析研究。③人员增强：人机编队模式旨在利用机械的、可穿戴和可植入的设备增强人员现有能力。

4.4　面向场景的行业认知大脑

李德毅院士在 2015 年中国人工智能大会《脑认知的形式化——从研发机器驾驶脑谈开去》主题报告中指出，人脑特定问题域的认知能力可以先局部地形式化，哪怕在微观上不具有组织结构的相似性。当千千万万的特定机器认知脑逐步形式化之后，通过移动互联网、云计算和大数据，将有可能倒逼并逼近"人造生物脑"。我们基于这个思想，提出了构建面向场景的行业认知大脑。

4.4.1 认知大脑系统逻辑架构

第 4 章中我们提到面向场景、数据驱动、平台支撑、脑＋端、人机融合的方法论,面向场景、数据驱动是前提,场景数字化的核心就是要让数据流动起来。根据 OODA 环,行业认知大脑业务逻辑流程:通过前端数据源感知,采集各类信息,通过数据预处理和信息融合形成综合态势信息;通过智能研判分析态势信息,发现事件目标;针对事件目标通过智能决策形成决策偏好;依据决策偏好,通过智能规划生成行动方案;最后通过执行监测获取执行情况,形成反馈回路。

依据逻辑流程(见图 4 - 13),我们可以从架构上划分五大系统:知识系统、态势系统、事件系统、方案系统和执行系统。其中,知识系统是认知智能的核心,要解决知识体系构建问题,包括采集、存储、处理,通过行业知识建模和知识融合等技术生成行业知识图谱;态势系统是通过搜集、整理、分析突发事件、环境实体、资源实体的潜在信息,利用多源异构态势生成技术构建出综合态势;事件系统根据综合态势,利用潜在事件智能发现技术发现事件目标;方案系统是根据事件约束条件和评价准则,利用事件目标智能匹配技术进行智能分级,并确定行动方案决策偏好,然后根据决策偏好,利用行动方案智能规划技术生成行动方案;执行系统是将行动方案转化为指令,利用指令实时分发技术,发布行动指令,同时监测现场执行效果,并反馈给方案系统,从而实现方案的动态调整。

第 4 章 脑＋端的人机融合

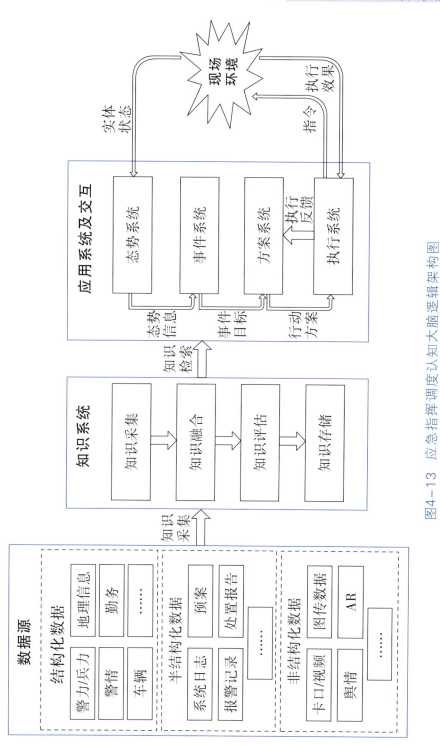

图 4-13 应急指挥调度认知大脑逻辑架构图

1. 数据源

在实际场景中,跨模态行业大数据的融合感知和知识提取,是知识大脑构建的基础。多模态的行业数据主要包含业务基础数据、音频、视频、图片、文本等,可以统分为结构化、半结构化和非结构化数据。系统基于人工智能技术的信息智能感知,对上述多模态数据进行处理,从隐性知识中提取显性知识要素,并形成可检索、可追溯的标准化结构化大数据,进而形成行业知识要素。

针对结构化数据,系统支持从关系型数据库、流式数据等多种数据源中大规模自动化采集、清洗、归类、标准化、关联所有数据,形成统一的高质量标准数据;针对海量的文本、网页等半结构、非结构化数据,系统通过自然语言处理技术和机器学习技术,将非结构化的文本数据转化成实体之间的关系;针对海量视频图像信息,系统通过基于规则和机器学习的智能分析技术,进行目标特征、行为和场景检测,识别、链接、融合实体,并抽取、补全属性,建立实体间的关系关联。

实验室构建的大型活动安保指挥系统涉及的数据源涵盖了指挥、消防、交通、网安、治安等 10 余个业务单位的联勤指挥数据,涉及指挥调度、岗位勤务、移动警务、高清视频平台、云平台等 50 多项业务系统,累计感知和提取的数据项包含警力(公安、武警、消防、交通等)、车辆(勤务、处突、巡逻警务等)、区域合作数据(公路、铁路、民航等)、视频数据(道监、车载、图传、会议、AR、无人机)、舆情数据、应急数据(应急处突人员、车辆、方案和组织结构等)以及特殊部署类数据等近 10 万余项。

2. 知识系统

以公共安全领域为例,预案作为指导安全生产和生活纲领性的文件,包含了应对突发事件进行的组织、人员和资源的调度知识,是专家知识在应急管理中的集中体现。自 2003 年取得抗击"非典"疫情胜利后,我国进入了应急管理的全面开创和发展阶段。在实际工作方面,我国全面构建了以"一案三制"为主要内容的应急管理体系,从应急预案的管理体制、机制和法制等方面对应急预案的编制进行指导,对预案的规范起到了一定的作用。但是由于预案牵扯部门多,业务流程复杂,分部门、分层级制定的预案存在质量不均和多部门之间信息流通不畅等问题,且多以文本形式存储,严重阻碍了多部门之间预案知识的共享、重用。

知识系统则是解决上述问题的制胜法宝,主要用于解决预案知识的结构化问题和为其他应用系统提供行业领域的知识支撑。首先,知识系统使用本体建模的思路,使用自顶向下和自底向上相结合的方法实现预案知识的建模,从顶层构建预案知识模型,然后通过对预案文本和案例库实体及关系的分析,动态调整和完善预案知识模型,实现预案知识的一致性理解;其次,根据预案模型,运用自然语言的语义解析和实体识别、知识图谱的抽取和融合等技术,实现预案文本知识抽取和知识存储,生成面向具体应用场景的应急处置知识图谱;最后,在实际应用场景中,根据事件场景的相关特征要素,通过知识匹配检索出符合场景特征的人员组织、资源调配和任务分解的规划。以重大活动保障为具体的应用案例,我们利用扩展的 ABC 本体模型,实现了包括事件、环境、活动、任务、条件、动作、组织、地点、资源等相关实体及其关系的活动保障模型的建立,结合具体的预案文本,利用知识图谱相关技术实现重大活动保障预案知识抽取和结构化存储,为后续相似场景预案的快速生成提供知识支撑。同时在知识工程领域,我们设计了场景分解→任务分解→能力分解→组织分解→资源匹配的预案知识体系架构,可面向新场景实现结构化预案知识的快速生成。

3. 事件系统

在指挥系统中,合理的、正确的方预案制定依赖于对现场态势的正确判断。随着社会的快速发展和科技的不断进步,生产、生活中的不确定性风险不断增多,犯罪手段也愈来愈多变,且事件会随着时间呈现不断变化的趋势。传统的事件识别是根据搜集到的现场态势信息,人工进行事件识别,准确性依赖于人员的专业知识。事件系统的功能即是通过对现场态势进行分析和挖掘,提取出与事件相关的特征信息,精确地匹配事件类型,为方预案的制定提供依据和支撑。事件系统的特征提取是利用深度学习算法实现事件场景和目标行为等特征提取,从海量信息中挖掘事件的潜在风险,然后结合知识系统进行目标特征匹配,确定事件目标。

4. 方案系统

方案系统是认知大脑中枢,可实现认知系统人员、资源、指令的具体规划和协调。行动方案作为智能规划的最终产物,是在充分分析、理解态势、事件目标的基础上,利用领域知识在资源约束、组织架构的基础上进行自动化任务求解,生成的最符合场景的处置方案。目前,主要有基于案例、分层任务网络、图模型、深度强化学习、影响网络启发式规划、可满足性模型检测等方法的行动方案规划。以下是对典型方法的具体描述。

基于分层任务网络(HTN)的行动方案智能规划:分层任务网络按照任务分解方式搜索行动方案,是与现实指挥人员制定行动方案最接近的一种方式,对超出预案处理范围、带不确定性问题、带资源/特殊条件约束等场景,能任意时刻规划、柔性中断输出、重新规划、处理高优先级事件目标、处理事件目标冲突和进行异步并行处理控制。

基于贝叶斯网络的行动方案智能规划:贝叶斯网络对于处理不确定性问题、非线性复杂大系统有很大的优势,它是基于图模型作智能规划的最普遍的方法,主要构建两个网络,即用BN构建决策网络,用DBN构建环境感知、态势评估网络。DBN可以理解为BN加上时间维度,用DBN的推理方式或结构学习模式作为环境态势感知模型。BN决策网络通过把决策问题转换为图模型,可以对最短路径、旅行商(TSP)、匹配等数学问题进行决策。

基于深度强化学习的行动方案智能规划:深度强化学习是最接近通用人工智能的范式之一,它能在没有正确样本标记的条件下,采用持续的"试错"机制和"利用—探索"平衡策略,在大型、复杂、高维的环境中利用良好的函数逼近能力,实现对任务最佳策略的选择。近几年针对该领域有较多的研究,比较典型的有基于值函数、策略梯度、搜索与监督、分层强化学习、知识强化学习、迁移学习、记忆和推理、群体协同等方面。但目前在工程应用中存在许多瓶颈问题,例如采样非常低效,奖励函数的设计很困难,过度拟合环境中某些奇怪的模式,结果不稳定或难以复现等。

5. 执行系统

执行系统是方案系统指令和资源调度情况的具体呈现,要求具备任务执行的连续性和时效性。通过执行系统执行反馈,可以验证方案、预案制定的有效性。执行系统根据方案的设定,有序地向执行人员和组织下发执行指令,调度相关资源进行现场处置,并实时搜集和评估现场执行反馈。针对异常信息,及时向方案系统进行反馈,方案系统根据异常信息分析结果动态调整执行方案,从而满足事件处置的动态性需求。

4.4.2 基于群体智能的 HI 知识模型共享

知识从哪里来？这是今天构建行业认知大脑的核心问题。基于钱学森"综合集成研讨厅"思想,利用群体智能技术手段,通过建立相适应的工作和管理机制,搭建共享平台,实现人类专家显性知识的汇聚和隐性知识的挖掘,是解决这一问题的有效方法。今天,大众依托互联网平台广泛参与的社会计算改变了传统的计算模式,基于网络的群体智能是计算机之间,更是人与人之间沟通与交流的结果,并在大众交互过程中涌现出新的群体智能。例如,基于群体编辑的维基百科、基于群体开发的开源软件、基于众问众答的知识共享、基于众包众享的共享经济等。这些人类参与的群体智能范式已经显现出来,从强调个体的智能模拟走向开放式的群体智能交互。

1. 智力共享平台

我们还是以公共安全为例。从公安信息化角度,共享可分为三个层面,即网络共享、数据共享、智力共享。目前正从数据共享阶段向智力共享阶段演变,智力共享成为智慧警务建设的重要特征。智力共享就是以场景为驱动,采用大数据处理和知识形式化技术实现个体智力的知识封装,通过网络环境下的群体智能技术构建智力开放共享平台,从而使行业用户能够快捷地分享知识、传承知识、应用知识,甚至创造知识,最终实现群体协作、共享和赋能的目的。实验室围绕跨区域警务协作实战,构建了警务智力共享平台,从计算架构、服务模式以及数据融合安全三个方面实现HI知识模型协作共享。

跨区域警务协作计算架构:地市跨区域警务协作是对省厅公安大数据中心集中式服务模式的有效补充和完善,地市(包括跨省地市)跨区域警务协作应用模式是实现跨区域警务协作的技术架构,包括访问与协作服务、协作各方相互信任、数据接口和基础架构。

模型驱动的跨区域警务协作和知识共享模式:模型是技战法数据关联关系的容器,是数据业务价值实现途径,通过跨区域模型之间的组合实现跨区域警务协作,以及有效网络化分享和获取模型。实现跨区域警务协作和知识共享采用的技术架构,解决各地市差异化的异构平台和应用以及个性化灵活协作模式支撑,同时确保跨区域警务协作高可用、负载均衡以及动态部署和扩展。

跨区域数据融合安全机制:跨区域数据融合是跨区域警务协作的根本基础,跨区域数据融合安全是实现跨区域警务协作的前提条件,需要保障跨区域警务协作全生命周期的数据融合安全。跨区域数据融合只在特定安全区域进行,跨域数据不落地到本地存储,融合后源数据即销毁,不留痕迹。同时确保数据不搬家,只抽取跟跨区域警务协作应用场景相关的有业务价值的少量数据,包括传输前的认证与授权机制,并在跨域数据传输过程和融合过程中全程加密。警务智力共享平台原理如图 4-14 所示。

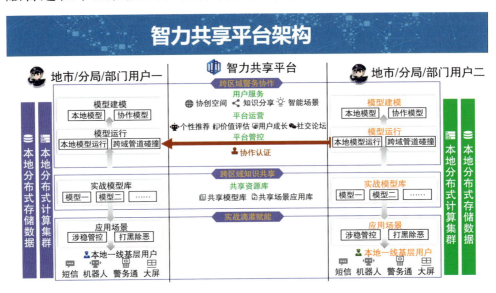

图 4-14　智力共享平台原理图

2. 智力共享云平台建设

《公安科技创新"十三五"专项规划》明确提出了"创新、协调、绿色、开放、共享"五大发展理念,目的是为促进信息资源深度融合,加强集成智能化应用创新,推动警务模式转型升级。2018 年 12 月 19 日一体化指挥调度技术国家工程实验室联合中国人民公安大学、南京市公安局等单位联合发起,在北京成立了中国指挥与控制学会安全应急共享知识专委会。

安全应急共享知识专委会提出了"智力共享"体系的三层架构:理论层,主要是研究智力共享活动的基本内涵,为体系的发展构建顶层设计,包括概念共享、思维共享和机制共享;支撑层,关注智力共享活动的实现方式,为智力共享活动提供平台环境的支持,包括平台共享、算力共享和数据共享;交互层,是开展智力共享活动的主要阵地,输出最终的智力产品,包括创意共享、模型共享和应用共享。智力共享三层架构体系如图4-15所示。

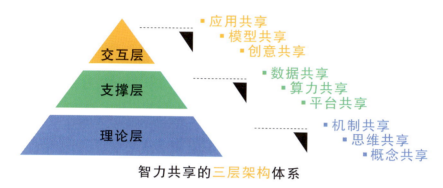

图4-15 智力共享三层架构体系

结合智力共享的内涵和实现方式,专委会搭建了"智力共享云平台",开展智力共享的实践落地应用。智力共享云平台以协作模型、知识分享、智能场景应用为支柱,通过打通业务知识与应用的联系,克服跨区域公安实战协作难题,实现跨区域业务协同作战,形成协同作战合力,从而推动全警知识和智慧的固化、聚集、分享和传承,为一线基层实战精准赋能,全面提升数据侦查核心战斗力。

智力共享云平台通过协作模型进行跨区域、跨警种的模型协作,在实现模型业务价值的同时,间接实现模型关联的跨区域数据共享,取代直接访问异地数据;通过创建跨区域协作模型复用知识分享中的共享模型,实现共享模型关联的异地数据与本地数据融合关联分析,在这一过程中利用数据不搬家、计算管道化的理念实现模型的跨区域分析计算。

以往各地市的数据、模型、场景和应用都是独立的,我们通过这个平台把资源打通,进行协作,搭建跨区域的实战场景。平台在共享的过程中,同时加入了运营的理念,建立以用户价值贡献为核心的积分运营机制,激励平台用户不断上传优质资源,形成良性循环的平台生态。

3. 警务智力共享平台实践

智力共享云平台搭建完毕之后,为扩大智力共享的影响力,保障智力共享日常工作的开展,安全应急共享知识专委会于 2019 年 5 月 24 日至 25 日在南京举办以"协作、共享、赋能"为主题的跨区域智力共享警务协作论坛(见图 4-16)。同时,依托专委会,南京市公安局、中国人民公安大学、一体化指挥调度技术国家工程实验室在南京成立并部署了"警务智力共享运行管理中心",旨在建立内需驱动的长效紧密地市伙伴关系,打造跨区域新型警务协作模式。

图 4-16 跨区域智力共享警务协作论坛

智力共享运行管理中心是以共享数据、共享模型、共享应用场景为基础,通过智能场景下的协作模型建设和知识分享,支撑跨区域城市之间各部门、各分局的实战工作,最终在各个业务场景中赋能至一线民警。各地区公安机关在智慧警务建设过程中,可以依托平台充分汲取其他区域单位建设的一些典型应用、优秀成果。截止到2019年底已经有40多个地市级单位的近3000余名干警在线使用该平台,共享各类破案业务模型3000余个,跨域推送案件关联数据100万余条,取得一系列卓有成效的实战效果。

4.4.3　基于联邦学习的AI参数模型共享

据互联网数据中心(IDC)发布的《数据时代2025》报告显示,到2025年,全球每年产生的数据将从2018年的33 ZB增长到175 ZB,相当于每天产生491 EB的数据。与此同时,社会对数据安全性的重视程度也越来越高。2018年欧盟通过了《数据隐私保护条例》,认定"个人数据神圣不可侵犯",要求公司在使用数据前要先向用户声明模型的作用。这份条例很大程度上限制了数据的自由流通,对于极度依赖数据的机器学习提出了一个巨大的挑战。

在受到个人数据保护机制制约的同时,由于缺乏行之有效的数据共享交换机制和社会认可的数据安全信任体系,政府、企业及其他主体间的"数据孤岛"现象普遍存在。众所周知,深度神经网络模型训练需要大量数据样本,然而"数据孤岛"问题直接导致各方都难以获取全面、有效的样本数据。在公安、应急、金融、医疗等领域的数据问题为人工智能落地应用带来了极大困难。国际人工智能联合会主席杨强教授指出,"数据孤岛"严重制约了人工智能的发展,如今机器学习最薄弱的环节其实并非算法结构不够丰富、准确率不够高,而是社会大众对人工智能的态度和制约。因此,如何在数据难以共享的制约下实现深度学习模型进化,是一个重要的研究方向。联邦学习的提出,为这一问题的解决提供了很好的思路。

1. 联邦学习简介

联邦学习(federated learning)是一种新兴的人工智能基础技术,是一种机器学习框架。2016 年由谷歌最先提出后,它原本被用于解决安卓手机终端用户在本地更新模型的问题,能有效帮助多个机构在满足用户隐私保护、数据安全和政府法规的要求下,进行数据使用和机器学习建模。联邦学习作为分布式的机器学习范式,可以有效解决"数据孤岛"问题,让参与各方在不共享数据的基础上联合建模,从技术上打破"数据孤岛",实现 AI 协作。

在联邦学习框架下,系统通过设计虚拟模型,让各方在不交换数据的情况下对模型进行协作训练,以达到数据集中训练的建模效果。在联邦机制下,各参与者的身份和地位相同,可建立共享数据策略。这种架构使系统通过聚合各方参数形成最优模型,数据不发生转移,因此不会泄露用户隐私或影响数据规范。联邦学习系统由两部分组成[29],架构设计如图 4-17 所示。

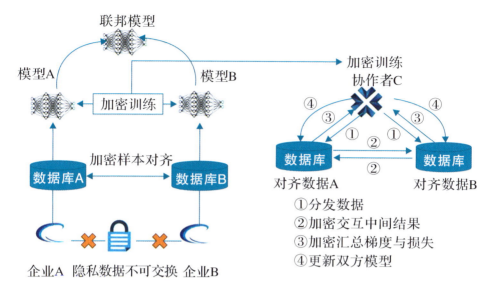

图 4-17 联邦学习架构设计

如图 4-17 所示，联邦学习本质上是一种加密的分布式机器学习技术，可以在不披露底层数据和加密形态的前提下共建模型。在联邦学习的架构下，参与各方的数据不转移，在第三方中立监管机构参与下以模型共享的方式实现数据安全和隐私保护下的 AI 模型最优化训练，可以广泛运用于公安、交通、互联网、金融等多个行业。

2.联邦学习行业应用

联邦学习可使用的机器学习算法不局限于神经网络，还包括随机森林等重要算法。联邦学习有望成为下一代人工智能协同算法和协作网络的基础。在具体的行业应用中，根据参与各方数据源分布的情况不同，联邦学习可以被分为横向联邦学习、纵向联邦学习和联邦迁移学习。[30]

横向联邦学习是指，在各参与方拥有的数据集中，用户特征重叠较多，但是用户重叠较少的情况下，我们把数据集按照用户维度（横向）切分，并取出双方用户特征相同而用户不完全相同的那部分数据进行训练。横向联邦学习架构如图 4－18 所示。

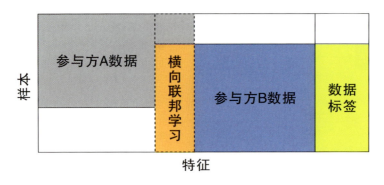

图 4－18　横向联邦学习架构图

以公共安全场景为例，特定区域内不同的居民社区、同等规模的城市之间虽然个体交际较少，但是多种样本特征却表现出较高相似性，比如年龄分布、性别比例、收入水平等。由于每个独立参与方数据有限，基于自己掌握的样本数据无法获得满足使用要求的模型，因此地位平等的多参与方在安全体系保护下，利用本地数据进行模型训练，然后通过联邦架构进行无损融合，获得最优模型。以应急救援场景为例，地震、泥石流等灾害在我国时有发生，火灾、疫情、突发安全事件等对人民生命财产造成巨大威胁。每种类型的应急救援事件所对应的样本不同，但是样本特征又相似度很高。由于样本数据少，难以训练得到有效的模型，横向联邦学习是一种很好的解决思路。

纵向联邦学习是指，在各参与方的数据集中，用户重叠较多,而用户特征重叠较少的情况下,我们把数据集按照特征维度(纵向)切分,并取出双方用户数据交集中特征不完全相同的那部分数据进行训练。纵向联邦学习架构如图 4-19 所示。

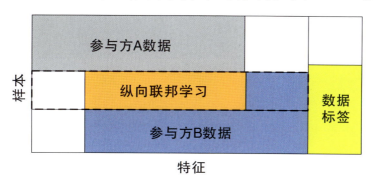

图 4-19 纵向联邦学习架构图

以公共安全领域场景应用为例,在特定生活、商业社区,居民群体总体比较稳定,样本重叠率很高。但是所产生的与生活、工作息息相关的个人通信、定位、娱乐休闲消费、金融、社交、出行、生活缴费等样本特征数据却又分散在多个参与方中。因此,各参与方均无法通过全面、精确的样本数据训练得到实用的模型。纵向联邦学习架构可以将各参与方样本交集的多种数据在本地训练得到模型,然后通过无损融合获得最优模型。

联邦迁移学习是指,在两个数据集的用户与用户特征重叠都较少的情况下,不对数据进行切分,而利用迁移学习来解决数据或标签不足的问题。联邦迁移学习让联邦学习更加通用化,可以在不同数据结构、不同机构间发挥作用,没有领域和算法限制,同时具有模型质量无损、保护隐私、确保数据安全的优势。联邦迁移学习架构如图 4-20 所示。

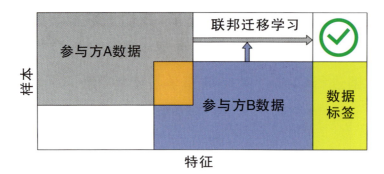

图 4-20 联邦迁移学习架构图

面向社会综合治理场景应用,数据样本往往来自多个行业,并且分布在全国各地,因此无论是样本还是特征,重合度都比较低,横向和纵向联邦学习架构都难以实现模型训练。例如,对大学生群体消费习惯进行分析,需要采集全国各地高校学生的网购、出行、娱乐、餐饮、线下购物等多种数据,通过联邦迁移学习架构协同训练,共同构建模型。

面向具体场景,可以根据用户和特征两个维度的交叠情况选择三种联邦学习模式。理论上,在用户隐私和数据安全保护日趋严峻的时代背景下,联邦学习确实是人工智能落地应用的有效途径。但是,这依然面临多方面挑战,比如安全体系问题。在联邦学习架构下,梯度共享是常用的协同建模方法,但不幸的是,该方法在有限条件下容易被攻破。因此联邦学习的发展和落地应用,必将对系统安全体系提出更高要求。针对联邦学习架构存在的数据安全风险,通过研究风险模型、安全模型、应对策略,并基于基础算法、安全协议、全回路全周期身份和行为认证及多回路安全计算等方法,构建安全信任体系将是一个重要发展方向。

联邦学习从 AI 机器学习角度解决数据隐私保护问题，这与群体智能的 HI 知识模型共享理念相同。构建面向场景的行业认知大脑，需要关心底层 AI 算法的准确性和执行效率，同样也需要关注 HI 层面的决策知识和管理规则，只有这样才能在数据、信息、知识等不同层面构建大协同生态。

4.5 面向场景的智能端应用

从 1997 年 IBM 推出"深蓝"，到 2016 年 Deep Mind 推出 AlaphaGo，再到 2017 年进军星际争霸等网络游戏，人工智能已经颠覆了传统棋类游戏，并向更复杂的场景发起挑战。但是，不管是棋类游戏，还是网络游戏，都是基于确定场景的限定规则，针对开放场景复杂系统的认知决策并未取得突破性进展。通过 HI 知识共享和 AI 参数模型共享，汇聚人类传承知识、挖掘隐性知识，构建行业知识大脑，同时结合无人系统、数字化智能装备形成面向场景的"脑+端"的人机融合系统应用，是当前科技发展的重要方向。

4.5.1 感知、认知、行动一体化

基于多种通信手段，依托无人系统、智能感知设备、手持式智能终端等硬件平台，构建基于智能装备的感知、认知、行动一体化系统对人工智能技术落地应用具有重要意义。我们以无人驾驶车为例，不论是人类驾驶还是无人驾驶系统，其驾驶活动都是"感知、认知、行动"的过程。

在感知层面，人类通过视觉、听觉、嗅觉、触觉等各种感官

实现对周围环境的感知;而无人车系统,则通过集成激光雷达、毫米波雷达、视觉、卫星定位、惯导等多种传感器以及 V2X 通信模块,实现对实时位置、姿态、车道线、停止线、道路边界、隔离栏、绿化带、障碍物、交通标志、车辆、行人等周边环境和自身状态的信息获取。

在认知层面,人类通过选择性注意机制,从感知空间的各类信号中抽取出与驾驶活动相关的要素,形成驾驶态势,并利用已有的知识和经验,对当前和历史的驾驶态势进行分析和理解,做出决策;而无人车系统则通过融合感知等技术,获得可行驶区域及路面目标属性,构建驾驶态势图,并与场景任务、高精度地图、车辆定位等信息结合,进行行为决策,完成全局、局部路径规划,形成决策命令。

在行动层面,驾驶员通过四肢实现对方向盘、油门、刹车、挡位的控制;而无人车则通过电信号直接控制方向盘、油门、刹车、挡位等车辆执行机构,使车辆达到或接近期望状态,并将当前状态反馈给感知系统,形成闭环。

人类对客观世界的认知是在反反复复的"感知—认知—行动"过程中,逐步形成不确定性中的基本确定性。脑认知是个动态的演化过程。

4.5.2 受脑认知启发的驾驶脑

李德毅院士提出受脑认知启发的"驾驶脑"。如果把能完成数学运算的机器称为"运算脑",把能完成围棋博弈的推理机器称为"围棋脑",以此类推,从人脑中剥离出来的、能完成各种驾驶认知的机器,就可称为"驾驶脑"。驾驶脑专门模拟人脑完成低级、繁琐、持久的驾驶认知,并保证其正确性和完备性,这样的驾驶脑才不会被分散注意力,永远专注、永不疲倦。

人脑主要包括感觉记忆、工作记忆、长期记忆、计算中枢与思维、动机、性格、情绪等功能区域,通过不同区域的协同工作,完成学习与记忆,实现驾驶活动。人脑功能区域与驾驶脑功能模块对应关系如图4-21所示。

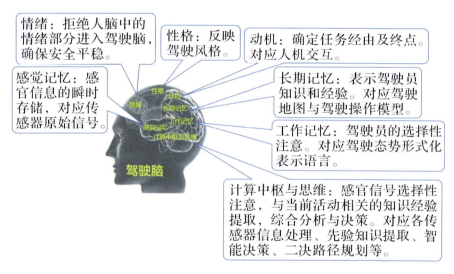

图4-21 人脑功能区域与驾驶脑功能模块的对应关系

感觉记忆完成对感官信息的瞬时存储,信息量极大而存储时间极短。这部分功能对应于车载传感器对周边环境的感知。传感器得到的图像、点云等原始信号存储在缓存区内,新数据迅速覆盖旧数据,这一机制也与感觉记忆的工作原理非常相似。感觉记忆中的感官信息,由计算中枢与思维迅速分析,通过选择性注意机制,抽取与当前活动相关的内容传递到工作记忆。这部分功能对应于各传感器的信息处理模块。这些模块完成各类车载传感器信息的预处理与分析，获取车道标线、红绿灯、交通标志、周边其他车辆与行人、本车状态与位置等与驾驶有关的信息，而与驾驶无关的信息则被迅速丢弃。

长期记忆中存储重要的经验、知识、场景等内容，这部分功能对应于无人驾驶的驾驶地图与驾驶行为模式。驾驶地图精确记录了与驾驶相关的地理信息，包括车道宽度、交通标志、静态障碍物等。驾驶行为包括巡线行驶、跟驰行驶、超车换道等。驾驶地图与驾驶行为模式共同构成了无人驾驶系统的先验知识。长期记忆中与当前活动相关的内容，由计算中枢与思维完成抽取，传递给工作记忆。

工作记忆中暂存着与当前活动相关的重要信息，这些信息部分来自感觉记忆中抽取得到的实时信息，部分来自长期记忆中抽取得到的先验知识。这些实时信息和先验知识相互融合，为计算中枢与思维提供分析与决策的信息池。与之相对应，无人驾驶系统也包括一个公共数据池，这个数据池是驾驶认知的形式化表达。各传感器信息处理模块提供的多元异构实时驾驶信息，以及驾驶地图提供的驾驶先验信息，用驾驶态势形式化语言进行统一表达，全面反映无人车周边驾驶态势。

人类计算中枢与思维根据工作记忆中的信息，实时进行决策，并由四肢控制执行机构做出反应。这部分功能对应于无人驾驶系统的智能决策与自动控制模块。智能决策模块根据当前或历史驾驶态势，结合先验知识，完成行为选择、路径与速度规划等功能。自动控制模块接收规划路径与速度信息，完成对油门、刹车、方向、挡位的协同控制，使车辆达到或接近期望状态。

第4章 脑+端的人机融合

性格反映了不同驾驶员在不同时间、地点下的驾驶风格。对于无人驾驶系统,驾驶风格由驾驶行为中的参数决定。

情绪是生物的特有属性,焦躁、恐惧等情绪会影响人类驾驶行为,妨碍安全驾驶。驾驶脑不包括人脑中的情绪,以确保驾驶行为的安全平稳。

模拟人类驾驶活动,利用驾驶认知的图表达语言将驾驶认知形式化,设计通用的无人驾驶系统架构。在架构中,认知的智能决策模块不直接与传感器发生耦合,而是基于多传感器的感知信息和驾驶地图等先验信息综合形成的驾驶态势完成自主决策。"驾驶脑"系统架构如图4-22所示。

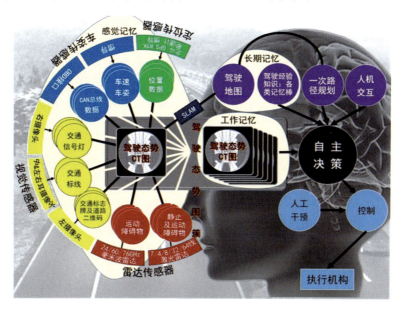

图4-22 "驾驶脑"架构示意图

如图4-22所示,雷达、视觉、车姿、定位等各传感器信息处理模块的输出,由驾驶认知的图表达语言进行统一,构成驾驶态势实时信息;驾驶地图中的信息,则根据车辆实时位置及朝向映射到驾驶态势中,与驾驶态势实时信息融合,形成全面反映当前驾驶态势的公共数据池。自主决策模块以这一公共数据池为基础,综合考虑交通规则、驾驶经验、全局路径等先验知识,结合场景任务在线完成决策。此外,融合了实时信息与先验知识的公共数据池,也能够帮助传感器信息处理模块确定感兴趣区域,帮助定位模块提高定位准确性,帮助驾驶地图模块及时更新先验信息,以提升这些模块的性能。无人车的"驾驶脑"架构将自主决策与传感器的感知信息解耦,增加或减少一路或几路传感器,改变传感器型号或安装位置,不再对决策造成直接影响。整个系统架构只需根据具体硬件平台做很少的接口改动和适应调整,就可以实现多平台移植和工程化。

4.5.3 面向安防巡逻场景的脑+端

经过十多年发展,随着自动驾驶产业投资、技术研发和试验测试逐步回归理性,大家逐步认识到,自动驾驶技术,尤其是公开道路出行场景的L4、L5级量产自动驾驶汽车的实现难度远超预期。但在面向特定场景、限定速度范围的情况下,与5G、V2X、指挥调度等技术相结合,就可以在网联化程度与智能化程度之间找到安全、可靠、高效的解决方案。安防巡逻正是目前自动驾驶落地应用的最佳场景之一,基于此,实验室研制了面向安防巡逻场景的低速智能网联车。

1. 场景需求

据公开数据显示,构建安全、和谐、稳定社会环境的一般需求是,警察占总人口的比例不低于0.3%,欧美发达国家甚至达到0.4%以上。我国虽然拥有180万警力,但仅占总人口的0.12%,因此警力不足是常态。2013年公安部发布的统计数据显示,年均牺牲警察441人,其中"过劳死"占比超过50%,牺牲人数排在前两位的是一线派出所民警和交警。2018年底,中央政法委举办的第三届平安中国"三微"比赛颁奖活动中,首度公开了5年来政法系统警察牺牲人数,其中公安系统2061人,牺牲率高达千分之一,几乎每天都有民警牺牲。目前,城市治安巡逻主要依靠人力完成,派出所每年投入大量的民警;同时,工业园区、景区、校区、居民社区等场所每年需要数百万保安人员来完成安防巡逻工作,人力成本巨大,且传统工作效果主要依赖工作人员的责任心,效率较低。

以人为主的安防巡逻是一项典型的劳动力密集型工作,依靠大量人员投入来保证周期性覆盖。随着人口老龄化加剧及人工成本上升,安防巡逻工作的人工成本将会越来越高。相比其他工作,巡逻工作相对乏味、枯燥,并且环境恶劣、艰苦,尤其是严寒、酷暑、雨雪、夜晚等极端场景使工作人员的心理和生理都承受巨大的压力。同时,巡逻工作的上述特点也容易造成工作人员消极、懈怠,人员监督和管理又将额外耗费大量的管理成本。

安防巡逻工作是稳定社会秩序、预防和处置违法犯罪事件的重要手段,为社会和谐、稳定和发展做出了重大贡献。安防巡逻一般是在确定的区域内,工作人员按照固定路线周期性地巡视,及时发现和处置违法、违规事件。安防巡逻的主要目的是防范和处置治安事件。和普通工作不同,夜晚、严寒、酷暑等极端自然环境是安防事件高发期,这无疑增加了以人为主的传统巡逻方式的工作难度。据犯罪心理学统计,46.6%罪犯优先选择便于逃跑的场景进行作案。因此,夜晚是明显的犯罪高发期。数据显示,54.8%的案件发生在18:00—1:00这7个小时内。临时起意在治安事件犯罪动机中占有较大比例。以网约车犯罪案件为例,2018年最高人民法院公布的数据显示,临时起意的犯罪行为占比高达61.11%。针对这一现象,理论上通过全天时、全天候不间断巡逻,增加覆盖范围和频次,提高威慑力,可以有效减少此类治安事件的发生。但是,由于传统安防巡逻过度依赖人力,目前的工作机制和效率难以得到明显改善和提高。

随着我国城市化进程快速推进,安防巡逻覆盖不足、效率低所引发的安全问题越来越突出,向科技要警力已经成为安防领域的大势所趋。

2. 指挥调度+自动驾驶

安防巡逻场景具有路线较为固定、行驶工况相对简单、工作任务明确、速度低等工作特点,场景定制化的自动驾驶技术成熟度较高。实验室提出将限定场景自动驾驶和指挥调度技术相结合,通过人机协同的工作模式,重点解决人员不足、劳动强度大、巡逻效率低等痛点问题,具有响应速度快、处理效率高、全天候在线等明显优势。同时,日常的安防巡逻是极其重要的安防数据获取途径,基于驾驶脑的智能网联巡逻车集成了多种传感器,同时搭载相关安防监测、预警、调度装备。通过对多源异构数据的融合和处理,形成特定区域的结构化安防大数据,可以实现对特定目标、事件的快速检索和趋势分析等,充分发挥人工智能、大数据等技术在安防场景的优势。智能网联巡逻车原理如图4-23所示,原型车如图4-24所示。

第 4 章 脑+端的人机融合

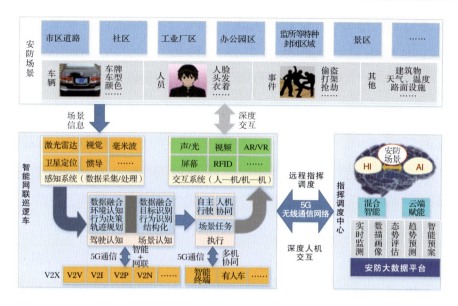

图 4-23 智能网联巡逻车原理图

图 4-24 实验室研发的智能网联巡逻车(原型车)

如图 4-24 所示,智能网联巡逻车集成了激光雷达、毫米波雷达、视觉、卫星定位、惯导等传感器,在自主巡逻过程中实时采集数据,并在边缘计算平台进行在线处理。巡逻车通过驾驶认知获得障碍物、道路、自身状态等信息,并进行行为决策和

· 167 ·

轨迹规划；通过场景认知获得治安场景中的人员、车辆等目标及其行为等信息，并通过多源异构数据融合自动生成包含人、地、事、物、组织的结构化安防大数据；通过 V2X 实现对道路车辆、路面设施、行人等目标的感知。巡逻车具备人工驾驶、自主驾驶和远程人机协同驾驶三种模式，并根据场景认知数据，通过多机协同、人机交互等多种方式完成事件应急处理、警情上报等场景任务。指挥调度中心在安防大数据平台支撑下，将场景认知和计算认知相结合，构建面向安防场景的云平台，既拥有丰富的人类安防巡逻经验，又具备强大数据处理分析的计算智能。在工作人员的远程参与下，通过 5G 无线通信网络实现对巡逻车的远程指挥调度和深度人机交互，由云平台向智能终端赋能。智能网联巡逻车系统除了具备环境感知、路径规划、行动控制等自动驾驶功能外，同时具备远程指挥调度、安防目标识别分析、警情上报与应急处置等功能。

目前，虽然警务信息化建设、智能装备应用取得长足发展，但指挥调度业务还主要是以人为主，智能技术应用仍存在巨大短板。实验室基于钱学森系统科学思想，结合人机融合的智能演进，面向公安和应急等指挥调度场景，研究人在回路的知识大脑与智能端应用，实现指挥调度从传统的通信互联迈向智力互联，构建"脑＋端"的智能应用模式。

理论创新只能从问题开始。从某种意义上说，理论创新的过程就是发现问题、筛选问题、研究问题、解决问题的过程。"面向场景、数据驱动、平台支撑、脑＋端、人机融合"是一体化指挥调度工程实践的方法论，实验室围绕重大活动任务保障、地震灾害应急救援、疫情防控等场景进行了实践探索与应用研究。

第 5 章　大型活动任务保障场景实践

随着我国综合国力不断增强,国际间的交往日益频繁,举办各类国际国内大型活动的次数也与日俱增。会议活动呈现出规模大、规格高、非确定性因素多等特点,如大型体育赛事、大型会议、大型会展、大型庆典、国际峰会等(见图5-1)。逐渐增多的交往事项,形成了全方位、多层次、立体化的跨域交往格局。本章我们将以某部一体化通信指挥平台和某市大型活动任务保障系统实践为典型案例进行论述。

图 5-1　典型大型活动

5.1 大型活动特点

大型活动具有规模大、规格高、参与人员集中、危险系数高、安全问题突出等特征,且兼具不确实性和复杂性。其复杂性体现在大型活动的活动属性、参与主体、执行过程、安全保障等多个方面;其不确定性体现在参与人员的行为轨迹、潜在危险动向、破坏力量等方面。在新形势下,大型活动任务保障在政治性、全局性、联动性和庞杂性等方面表现出了一些新特征。

1. 政治性

政治责任更凸显。政治责任是大型活动的首要特征,是大型活动区别于其他一般性日常活动的突出特点。当前,随着国际化、互联网化的深度发展,大型活动已超出了原有的影响力和作用力范围,各类型大型活动的举办必将在城市内外、国内外形成较大的影响,其首先彰显的是国家、城市的政治安全,对区域经济、社会、政治和生活也将产生较强的辐射作用,甚至可能带来整个区域的大变革和大发展。因此,任务保障指挥工作的政治责任必然随之增加。圆满完成大型活动任务保障工作,确保活动全程安全、顺利、万无一失,是责无旁贷的政治任务。

2. 全局性

对象集中、重要性高。大型活动主题多种多样,其参与主体重要性高,往往涉及的关键人物多、参与国家多且规格高。由于保障对象云集,安全保障任务是异常艰巨的。同时任务保障的作用范围广,要保障活动全时安全,需要全盘掌握所有参与要素、参与要素的作用力范围和空间。由此,需从全局出发,宏观考虑,建立全局性思维,从实际出发,抓住主要矛盾制定相应规划。

3. 联动性

保障要素多样。大型活动执行过程中各项保障要素部署在点、线和面等不同层次上,涉及会场、住地、路线防控面等各个区域,参与保障力量多。整个安保工作指挥层级多、参加单位多、工作流程复杂、投入力量巨大,活动执行过程和流转过程衔接都存在较大的不确定性,需要协调管理、协同保障的要素多样,在保障工作筹划、执行、调整和收尾的各个环节牵涉多种力量的协同行动。

4. 庞杂性

保障体系庞大、难度高。大型活动的安全保障工作是一个关系全局的庞大的复杂系统工程,对统一指挥调度提出了极高的要求。统一高效的指挥体系将是保障的基石。目前基本形成"圈层查控、单元防控、要素管控"的结构布局,突出任务保障和配套机制建设,以解决防控体系建设工作碎片化、数据孤岛化等问题,加强联动,提升防控效率。

5.2 典型业务场景

大型活动任务保障业务场景已成为城市常态化运行管理工作业务的高度聚像,场景涉及城市运行管理的多个方面。这里我们依据2007年9月14日发布,2017年10月1日实施的中华人民共和国国务院令第505号《大型群众性活动安全管理条例》以及GB/T 33170《大型活动安全要求》中的相关要求,将大型活动任务保障场景聚焦在安全管理场景、场所保障场景、人员保障场景、应急处突场景四大核心业务场景上。

5.2.1 安全管理场景

安全管理场景围绕大型活动任务保障安全运转,建立起面向大型活动安全保障工作的空间画像。大型活动安全管理场景主要涉及安全管理要求、安全管理机制、舆论安全监测和人员场所安全管理等。

1. 安全管理要求

大型群众性活动的预计参加人数在 1000 人以上、5000 人以下,由活动所在地县级人民政府公安机关实施安全许可;预计参加人数在 5000 人以上的,由活动所在地设区的市级人民政府公安机关或者直辖市人民政府公安机关实施安全许可;跨省、自治区、直辖市举办大型群众性活动的,由国务院公安部门实施安全许可(参见《大型群众性活动安全管理条例》)。同时,文件还明确了公安机关安全职责和相关参与人员法律责任的归属范围。

2. 安全管理机制

以确保大型活动安全为第一标准,建立"党政领导主导责任、承办者主体责任、行业部门主管责任、公安机关监管责任、执勤岗位责任"责任体系,积极推进大型活动安全管理市场化、专业化,各地要制定出台相应的安保工作方案,确保安稳有序、万无一失。

3. 舆论安全监测

针对大型活动过程中的各项互联网舆情、特重舆情的监管工作，场景工作主要包含互联网敏感舆情管控、重点舆情的通报联动，以及情报关联、跟办、盯办与反馈。该场景主要针对任务保障的各项安全和网络舆情，围绕大型活动做好安全监管和舆情监测。

4. 人员场所安全管理

人员场所安全管理主要围绕活动举办地、参与人员的安全和活动的顺利进行采取人防、物防、技防等措施，并建立突发事件的应急处置预案和处置模式。面向人员安全建立分类、分级的人员安全保障措施，建立面向不同类别人员的定制化保障措施，建立移动轨迹画像。在场所保障上，围绕5.2.2节所述内容，建立场所物理空间、数字空间表达，形成虚拟与实体空间布局的衔接。

5.2.2 场所保障场景

大型活动场所保障场景主要是面向活动举办的物理空间和活动的点、线、面上保障措施的数字画像，对场所功能、使用时间、保障措施、力量分布、集散出入、周界防控等进行呈现。

1. 点上场所保障场景

快速感知大型活动场馆周边、地上、地下、室内、室外等场景的态势，在场地、出入口安装安检、视频采集、人脸识别、车辆识别等前端感知设备，做到场馆全覆盖，现场态势与场景的实时融合。通过大型活动场馆态势、周边人车流动、热力图、治安态势、网络舆情、视频图像等，全面掌控场馆出入人员、购票信息、证件信息、实时入场信息等。

2. 线上场所保障场景

线上场所保障在大型活动中是围绕活动行进的线上区域进行的路线规划,主要对路线交通管控、沿线力量部署、随行车辆信息化、随行人员定位、活动轨迹监测等进行安全保障,是活动路线上活动参与者行为全空间的安全保障。该场景主要是在活动的路线上建立力量部署措施、随车保障措施、交通控制措施和沿线封控与集散管控措施,建立沿线的梯形防控格局,实现线上场所内人员、车辆等的安全。

3. 面上场所保障场景

依据公安部公治安[2019]963号文件《全国公安机关社会治安防控体系建设指南》中指出的大型活动安保社会面治安防控的信息化建设,面上场所保障场景主要涉及基础信息和区域防控、跨区域合作。

第一,通过掌握活动举办区域的基础信息和区域防范信息,能够对活动保障工作提供整体保障管理。为保障大型活动期间的绝对安全,要对涉及的各敏感区域进行重点摸排,获取各项管控数据,为社会面整体防控提供参考依据。

第二,充分建立环区域、环省市等不同层级的"治安防控识别圈",构建大型活动场所现场区域的"治安防控识别圈",基于智能抓拍、人脸识别、网络流量特征分析、人物全息画像等技术,落实重点人员、重点车辆、危爆物品、重点敏感部位、网络安全管控措施,实现"智能感知、精准识别、触圈预警、实时响应"。

第三,跨区域保障合作面向多个机构联勤管控工作业务,主要开展多区域联动安全保障、层层保障,开展区域保障合作,完善统一指挥、合成作战工作机制,提升大型活动期间的治安防控能力和任务协作水平。该项业务场景强化区域巡防与大型活动任务保障的工作衔接,建立主办单位和公安、消防、交通、应急、体育等相关部门的联勤联动机制,明确各部门职责,制定工作方案和应急预案,充分调动各方力量参与大型活动安保。

5.2.3 人员保障场景

1. 承办人员画像

承办人员画像是主要面向大型活动承办人员构建其活动空间、职责空间的数字空间画像。

在活动谋划阶段,承办者需要提供合法的证明以及安全责任人的身份证明,并经活动场所管理者批复同意提供活动场所。承办人员依照法律、行政法规的规定,应当提交有关资质、资格证明到有关主管部门,对大型群众性活动的承办者的资质、资格要进行审查。承办者不得轻易变更承办时间,需变更大型群众性活动时间的,应当在原定举办活动时间之前向做出许可决定的公安机关申请变更,经公安机关同意方可变更。同时,承办者变更大型群众性活动地点、内容以及扩大大型群众性活动举办规模的,应当依照规定重新申请安全许可。

在活动进行中,承办者对承办活动进行实时监控,发现进入活动场所的人员达到核准数量和发现重点人员时,应当立即预警并发布;发现持有违禁物品和有违禁行为的人员,应当及时向活动现场的公安机关工作人员报告。过程中发生公共安全事故、治安案件的,承办者应当立即上报并立即报告公安机关,启动应急预案,协助公安机关进行处置。

2. 参与人员画像

对大型活动安保相关的保安员、服务员、嘉宾、演出人员、观众、志愿者、社会用车司机、技术服务公司人员、验证及安检人员、场馆物业人员按照不同等级的背景审查要求,依托大型活动任务保障关联业务系统进行背景审查,结合联网数据,挖掘其涉稳、涉恐、涉毒、在逃、非访等相关社会背景,建立起参与人员职责、活动区域、活动时间和活动路线等关系描述。同时,将大型活动中新出现的被打击、被处理人员录入大型活动安保系统。

3. 主管机关人员画像

大型活动的主管机关往往是城市管理者或者公安机关,其中公安机关的主要职责是根据安全需要组织相应力量,维持活动现场周边的治安、交通秩序,预防和处置突发治安事件,查处违法犯罪活动,并对重点人员和重点场所进行专项保障,提供出入、行进的监测预警,对发生的非法事项进行处置。交通部门主要提供城市交通地上、地下、民航、铁路等线路的临时管理和疏导,以及突发事件处置过程中的应急线路保障等。消防部门人员主要对活动举办地和周边关联区域内的消防安全进行核查、动态监测和预防,对突发消防事项进行处置。卫健部门提供公共卫生安全检查、急救等,对集聚区内的所有人员提供医疗救护等。通信保障部门提供公网通信、专网通信等通信保障服务,保障人员、车辆和各类资源的通信,同时提供重点场所、人员的定位和无线电监测服务等。

4. 重点管控人员画像

在大型活动举办前夕,在数据资源整合共享基础上,建立境内重点人员画像系统、境外参会重点人员画像系统,形成重点人员档案,一人一档。同时提供重点人员信息搜索、轨迹分析、详情展示和多元化的目标行为分析及关联,提供重点管控人员属地信息,对重点管控人员的活动空间和活动轨迹、接触人群进行描画,对其潜在意图进行关联挖掘和展示。

5.2.4 应急处突场景

突发应急事件处理,是大型活动任务保障安全管理的重要方面,是球迷骚乱、突发火情等事件的主要处置措施。依托信息系统平台,针对事前、事中和事后,生成多种可选择的安保方案、防控方案、推演方案、应急预案、处置方案等,结合事件后果模拟分析、场景与态势融合地图、应急资源管理等系统,完善数字化、流程化、可视化、体系化管理的精细预案(见图 5-2)。

图 5-2 应急处突场景视图

（1）事前防范和监控，对各项重点处突要素进行重点管控和跟进盯办，对维稳工作中重点关注的人员进行管控。

（2）事中力量配置、行动协调，提供应急处置的各项联动手段和信息资源力量的一键调度。

（3）事后总结经验和归档，如重点处突要素防范和监管、重点维稳人员的管控、处突结束后的总结和入库、案例化等。

5.3 数据获取分析

数据获取分析是信息化条件下大型活动任务保障的基础，是各项指挥调度工作的重要组成部分。通过对大型活动各支撑要素的全空间数字画像，形成对区域治安态势的有效评估，可更加合理地进行资源和力量的调度部署。

5.3.1 时间线视角

从活动的时间线角度来看，大型活动任务保障过程中，数据获取分析贯穿全过程。按照事前、事中、事后的整个时间维度，在活动开始前，需要对活动空间内的所有元素进行提前摸排和掌握，对预置风险点与风险区域进行重点防控部署，进行合理规划和演习，实现各项数据的感知与分析，形成有效的方预案。获取数据也是大型活动保障工作整体方预案的支撑。在大型活动开展过程中，各项任务保障工作按照既定预案执行，所产生的实时动态数据将同步传输到指挥机构。突发事态和应急处置数据将是该过程中的重点关注点。在活动完成后，安保工作支撑数据涉及活动的集散管控和疏导，涉及部署力量的逐层收合、周边资源的逐步释放等。在安保任务结束之后，对整个过程进行复盘和经验总结，对保障力量和措施的效能进行评估、归档，为后续日常指挥与大型活动安保提供重要参考数据。

5.3.2 数据源视角

从大型活动任务保障的数据源角度来看，大型活动任务保障需要融合管理系统、车辆管理系统、人流监控系统、舆情监控系统、网络监测分析系统、大数据分析系统、智能分析系统等多种数据源。这些数据源系统提供了大型活动保障所需的多种数据类型：110警情数据、119消防数据、120急救数据；任务保障力量数据、重点摸排数据、车辆数据、人员集散数据、舆情数据、新闻监测数据；公共安全管理数据，包括视频、车辆、社情、处置点、检查站、加油站、移动通信、预案等数据；任务保障联勤组织数据；视频数据，包括监控视频、会议视频、车载视频、卫星视频、移动视频、安检视频、检查站视频等；区域联勤数据，包括民航、铁路、公路等各项出行数据，以及联勤对象、联勤方案和组织结构等数据。

5.3.3 实战应用视角

大型活动任务保障以数据为基础，围绕场馆、住地、机场/车站等重点区域，以及从出发地到场馆路线等地理要素，整合各类目标数据画像，构建保障力量部署态势、社会治安态势、舆情态势、重点区域安全态势。基于视频监控体系，构建面向大型活动安保的重点区域、路线和点位的视频巡查、联动报警和视频通信支撑。通过建模仿真技术将物理环境数字化,建立虚实结合、数字孪生的指挥场景,使时间、任务、组织、知识、通信、安保保障人员、车辆等全要素可视化,在指挥中心亦可"身临其境",实时掌握现场情况(见图5-3)。

图5-3 重点区域数据可视化

军事领域存在"发现即摧毁"的作战理念,核心就是保证数据流畅通,发现快、处置快。例如大型活动任务保障中设置的"一分钟处置圈",保证距离精确到米,时间精确到秒。当指挥中心通过多种手段发现突发情况后,迅速匹配最近警力赶到现场进行处置。

数据获取分析在大型活动任务保障过程中也担任着发现者的角色。相对于战争中的"发现即摧毁",大型活动安保任务过程中的发现类型更加敏感且多样,不太适用军用的一条线执行标准,处置更加复杂。因此,对数据获取后的分析要求更加精细,以使提供具体的决策依据。

总之,作为大型活动任务保障的基石,数据获取分析在极大程度上决定了大型活动保障工作的成功与否,是开展各项工作的重要支撑。

5.4 系统平台

5.4.1 系统总体架构

大型活动任务保障系统是大型活动任务保障工作实现的重要支撑,系统研发与实践中采取了定制、引接和集成相融合的构建方式,借助各系统资源数据,参考公安行业信息化系统"三横三纵"体系,强调智能管控和活动期间的安全保障与应急指挥。如图5-4所示,"三横"包含基础服务层、一体化支撑服务层和应用服务层;"三纵"包含信息安全体系、标准规范体系和运行维护体系。

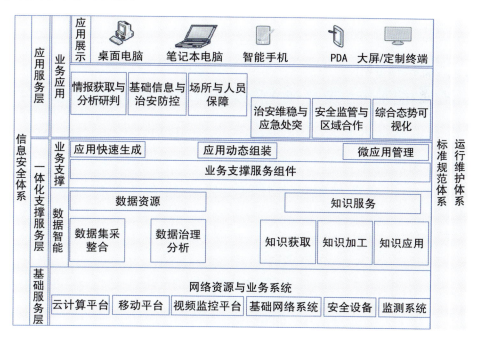

图5-4 大型活动任务保障系统总体架构

5.4.2 业务应用平台

1. 情报获取与分析研判

通过情报获取和情报分析,对任务活动举办区域的发展态势做出有效的评估,以更加合理地进行力量部署。

2. 基础信息与治安防控

基础信息核查是对活动举办地整个国家、城市整体面数据的掌握,是掌握区域社会治安情况的前奏,是区域社会治安防控各项措施部署的依据。依据城市治安工作的整体部署,实现活动各个层圈内外的保障到位。

3. 场所和人员保障

场所和人员保障提供大型活动期间重点场所和重要参与人员的安全保障工作支撑,以及场所保障力量部署、资源调派、人员保障、出入保障、实时视频监控等。

4. 治安维稳与应急处突

该功能系统主要是建立治安维稳的联动事前防范和监控,对各项重点处突要素进行重点管控和跟进盯办,并对维稳工作中重点关注的事项进行管控。子系统提供事中力量配置、行动协调,并提供应急处置的各项联动手段和信息资源力量的一键调度。

5. 安全监管与区域合作

该功能系统主要是面向多域机构联勤管控工作业务,开展多区域联动安全保障和区域合作,完善统一指挥、合成作战工作机制,提升大型活动期间的治安防控能力和处置协作水平。

6. 综合态势可视化

在大型活动期间,各联勤单位支撑数据和业务数据综合展示,各项业务态势的预知和趋势可视化。该业务系统主要将数据作为新的安保元素和重要力量,以及大型活动安保指挥决策和全要素掌控的重要手段,提供态势预知预判和处置决策支持。

5.4.3 一体化支撑服务平台

1. 业务支撑一体化

应用支撑一体化子系统,通过微服务架构和应用模块化建设,实现应用支撑功能和服务的微能力建设,构建面向治理场景的主动化、自主化场景和应用服务功能定制。通过该子系统建立其应用服务的模块化应用资源池,可针对某一专项业务进行业务组装和新应用生成,根据多级指挥界面灵活进行指挥界面及指挥内容的定制化展示。

2. 知识服务一体化

知识服务一体化支撑功能系统是辅助决策的核心,通过对大型活动的多业务场景知识要素的提取和转化,构建起面向大型活动任务保障工作的知识模型和库文件,实现保障专项工作知识库、知识表示、知识应用,构建起大型活动保障工作的决策支撑专家库。

3. 数据资源一体化

数据资源一体化本质是对大型活动场景数据,从收集、融合、管理、利用等环节进行评估、指导和监督的过程,通过科学完整的数据处理机制有效提高数据服务的质量,实现数据资产价值的最大化。同时,在大数据平台/数据湖的基础上对数据进行进一步的加工和提炼,形成大数据技战法及以实体(人、地、事、物、网、组织等)为中心的大脑数据,包括实体数据(ID/ID 映射)、标签数据、行为数据、时空轨迹数据、事件数据等,为进一步形成知识图谱、机器学习和业务模型提供知识服务,打造坚实的数据基础。提供更细粒度、更方便使用的数据,让决策更加容易和快捷,并作为预加工数据大幅提升计算决策的速度。在大型活动举办期间,根据各地实际与相关数据的管理使用规定,完成主管单位对汽车、火车、飞机、电信运营商、物流寄递、港口码头、票务、安检、人脸、治安卡口、证件等信息数据的实时共享,并同步到任务保障系统。涉及特种部门使用和管理范畴的数据,将通过服务接口调用、定制化建模等方式,实现面向大型活动任务保障的一体化数据共享交互与合成应用。

5.4.4 基础保障平台

基础保障平台主要提供与大型活动任务保障系统关联的城市政务管理系统、行业信息化系统、云计算平台、系统专项设备、网络设备、安全设备、监测设备等平台建设所需内外网信息资源,提供任务保障系统建设和运行的基础环境和保障资源。该部分按照充分利旧的原则,实现已有资源的充分使用,构建面向任务保障所需的专项应用服务,满足开展指挥调度业务对专项支撑资源的需求。在任务保障信息安全体系方面,该系统建设在政务信息网内,系统的信息安全体系主要依托于政务信息网安全服务体系提供的安全防护能力。此外,系统自身提供数据访问、应用登录、安全验证、运行监测等安全防护功能,进一步保障系统在使用过程中的安全。面向指挥调度业务的标准规范体系,参照政务信息大数据平台和行业信息化相关标准规范体系,并在此基础上建设面向大型活动任务保障专项应用的平台规范和标准体系。

5.5 关键技术

大型活动任务保障是一个多场景交织的复杂系统,应用到的技术交叠,往往是当前最先进技术的集大成应用,迭代更新快又强调实战化应用。在大型活动任务保障系统中,通常包含有物联感知技术、态势分析技术、融合通信技术、定位分析技术、可视化技术、大数据分析技术、云计算技术、人工智能技术、无人系统技术和系统集成技术等十大技术体系。下面简要论述以上系统在大型活动保障过程中的技术应用。

1. 物联感知技术

物联感知技术是大型活动任务保障数据来源的重要支撑技术,是活动各个要素数据获取的核心支撑,包括空间感知、人像感知、位置感知、行为感知甚至情感感知。在安保指挥过程中,指挥员与保障人员需要全面获取安保任务场景中各种要素的信息及实时状态,并在此基础上做出准确态势预测和判断。在实战过程中,物联感知手段包括监控摄像头、执法记录仪、道路卡口、交通信号灯、手机探针、雷达、传感器等,获取报警人、警员、警车、人流、交通等相关信息。依托来自公安业务系统、企业业务系统，以及互联网的人、物、事（案）件、机构、地点、线索等要素信息，系统实现对治安状况、警情特征、案件趋势、重点人员、实有人口等的专题分析，为辅助决策提供支持。

2. 态势分析技术

在大型活动安保过程中，态势感知贯串整个安保任务体系。在物联感知和各渠道信息汇聚的基础上，将各种要素综合起来，结合地理信息系统进行可视化展示，使得指挥员对态势的把握更加全面准确，包含了态势生产、态势提取和态势结果分发。态势生产是一个同步一体的过程，各级保障人员共同面对同一事件，信息同步一致。态势提取从不同角度分析，可能得到自相矛盾的结果，智能化分析工具可以辅助指挥员去伪存真，得到准确的一致理解。态势结果分发共享，为指挥体系内各级指挥员和每位警员提供保障，保证态势获取全面、判断准确，在确保指挥中心权威的同时，又能够赋能基层指挥员主观能动性，临机决断。

3. 融合通信技术

融合通信是指把计算机技术与传统通信技术融合一体的通信模式，将计算机网络与传统通信网络融合在一个系统平台上，实现电话、传真、数据传输、音视频会议、呼叫中心、即时通信等众多应用的服务。通过不同通信系统的信令协议转换、多种媒体格式转换，将语音、视频、文本、图片等信息以统一的标准格式进行交换，为指挥调度提供统一接入、融合交换、录音录像、统一定位和应用平台服务，实现横向互联互通、纵向多层分级、管理分权分域的组网能力。

在大型活动任务保障过程中,融合通信技术的实现将现有集群网络、有线通信、政务无线专网、视频监控、视频会议、卫星等通信系统进行融通,解决任务保障指挥人员多终端操作以及多个系统间频繁切换的困境,融合语音、数据、图像、视频、地图等多媒体通信资源实现系统间的互联互通。通过融合通信技术实现任务保障的"一键调度"与"一键发布"。

4.定位分析技术

定位分析技术主要解决的是大型活动任务保障过程中各参与要素的位置信息掌握问题。在大型活动保障过程中,系统主要使用空间定位来实现位置信息的展示。这里的空间定位通常采用二维或三维方式,实现基于PGIS的二维地理信息展现,并与三维地图结合,实现定位标签数据的立体化嵌入。定位分析技术通常与公安接处警系统、移动通信保障系统、视频监控系统、无人机巡航等业务系统关联,实现多途径信息接报的精准定位、力量资源和工作岗位的动态可视、监控视频的精准部署。在实战应用中,由于定位数据传输方式不同、定位算法不同、精度要求不同,定位分析技术呈现出不同的复杂度。

5.可视化技术

在大型活动任务保障领域,可视化技术涵盖了二三维技术、遥感技术、AR/VR技术和大屏定制展示技术,其主要目的是实现保障任务要素、环节和处置过程的深度展示。

二三维技术主要包括二三维GIS面向时空变化的多层次地理语义模型及全息位置地图场景模型,可实现中文地址语义解析与智能匹配、地理视频建模和空间分析、全息位置地图与位置感知等关键技术，以及任务保障空间的三维重建、异构位置室内混合定位、多源数据融合等。二三维 GIS 技术丰富了可视化任务保障，提供了任务场景的立体化。

遥感技术在大型活动任务保障中，主要应用在治安维稳、消防监控、交通管理和集散管控等方面，实现对地观测、中低空预警。

AR/VR 技术主要包括：

（1）室外和室内实时画面拼接和融合技术，得到连续实时的全景立体视频，并灵活进行多场景的位置漫游；

（2）海量目标的精确识别技术，结合计算机视觉识别算法，通过多特征融合进行海量物体识别，并自动进行目标标定和信息标注；

（3）实时定位跟踪和空间投影注册技术，综合传感器、卫星及室内定位手段，准确获取目标位置坐标，采用相机自由度跟踪、主动结构光测距等算法，实时监测摄像头的观测视线方向，及时调整虚拟物体和信息在投影空间中的映射位置，实现对位匹配，达到虚实相生的效果；

（4）快速高效的融合指挥，将各类保障力量和作战资源准确绘制到全景立体视频场景中，通过直接点击即可发起调度操作。

6. 大数据分析技术

大数据分析技术在大型活动任务保障中，关键是构建起面向多场景类型的数据分析模型，挖掘人、地、事、物、组织五要素之间的关联关系。首先,利用分布式环境下的大数据资源整合和治理技术,完成复杂异构数据的清洗、汇聚、整合、访问和存储,为分析研判提供高速的处理能力。其次,利用数据分析技术,在大数据计算框架下,在聚类、分类、统计、关联、时序分析等基础上,结合自然语言处理、语音语义识别、数据挖掘、机器学习等智能算法,准确呈现案件背后的完整信息、时空逻辑、关联关系等,为决策支持、预案设计、方案规划等提供直接依据,实现深入、高效的挖掘分析,进而快速分析和定位五要素之间的关联关系。最后,利用数据可视化技术,对文本、网络或图、时空及多维数据进行处理,借助计算机图形图像技术、知识表达及推理技术,实现对信息或知识进行直观表示、分析探索和假设验证等。

7. 云计算技术

云计算(cloud computing)是一种基于网络,将信息技术资源以服务方式动态、弹性地提供给用户,使其可按需使用的计算模式和服务模式。当前,大型活动任务保障主要是由公安机关作为主管单位,所以在大型活动任务保障过程中,主要依托政务云和行业云技术。该技术体系是主办单位和保障单位利用云计算技术,解决大型活动任务保障信息化系统建设中存在的硬件资源管理、海量数据处理、数据共享服务、业务应用创新等问题,为大型活动保障业务工作提供信息采集、存储、智能共享、应用创新和深度挖掘,提升情报信息研判和案件分析水平的一种技术服务模式。云计算主要包含云基础服务、云平台服务、云数据服务和云应用服务四种服务实现方式。在大型活动任务保障过程中,保障系统建设也大多基于云技术环境,依托云计算技术的四种服务方式服务于大型活动保障任务,提供面向大型活动保障的专项云基础资源、计算资源和存储资源等。

8.人工智能技术

人工智能技术是大型活动适应科技发展和应对新形势任务保障工作需要的重要部分。人工智能在大型活动保障领域的相关应用技术主要包括:

(1)计算机视觉识别技术,从海量视频和图片数据中快速辨识人物、车辆等关键目标,精准识别车型、车牌、人物面貌等细节特征,对特定对象的行为、轨迹等进行检测和追踪等,保障系统无缝对接,并基于圈层防控要求实现区域内防控要素的精准识别和快速反应;

(2)智能接处警技术,通过语音识别、语义分析,并结合位置定位、数据挖掘等技术,在接警后快速完成警情分类、预案建议、情报推送等智能化处理,极大地提高了警情处置的精准性和有效性;

(3)基于机器学习的智能预案技术,通过自动学习大量自然灾害、事故灾难、公共卫生和社会安全事件的相关案例和处置方案,对大型活动任务保障过程中的隐患、预防、化解、预警和处置提供可供人工干预的方案和预案支持;

(4)知识工程与知识图谱,将积累的大量任务保障工作数据知识化,形成关联的知识图谱,能够有效构建起对规范化的保障业务的自动适配、模型构建和处置匹配。

9.无人系统技术

在大型活动任务保障中,无人系统技术装备主要应用于特殊场景下的安全保障工作,如水下、空中等,主要技术包含了面向环境的智能识别、路径规划与机器决策等。近年来,无人系统得到了大规模的探索和尝试,在大型活动保障过程中,其提供数据核查、无人巡查/巡航、空中监控、水下监控等支持。随着无人控制技术的逐渐完善,无人系统装备将成为未来大型活动任务保障中的一支重要力量。

10. 系统集成技术

系统集成(System Integration,SI)是通过结构化的综合布线系统和计算机网络技术,将各个分离的设备、功能和信息等集成到相互关联、统一和协调的系统之中,使资源充分共享,实现集中、高效、便利的管理。其目的是为了达到系统建设目标,将可利用的资源有效地组织起来,将部件或小系统联成大系统。系统集成不仅可以为整个系统打下高质量的基础,建立高水准的开发起点,还可以减少大量低水平的重复开发,大大加快信息系统建设的步伐。

系统集成技术在大型活动任务保障中占据着重要的地位。大型活动任务保障的多主体参与特征,明确了大型活动任务保障系统需要建立在各个已建业务系统之上,是面向大型活动场景下的多系统集约融合化应用。因此,系统集成技术的强弱,将在很大程度上影响系统间的联动效能和稳定运转。

5.6 小结

大型活动任务保障集应急指挥与专项指挥于一体,任务保障过程牵涉的行业和城市力量点较多,动用的要素资源复杂。

当前,大型活动任务保障还是以人力战为主,一次国家级大型活动保障需要调动公安等力量数万人,公安安全管理力量资源的不足是常态。同时,大型活动保障中的破坏力量和因素日趋高科技化、隐蔽化。因此,科技支撑大型活动任务保障是持续的业务诉求,5G、物联网、人工智能、大数据等切实融入任务保障工作实战中尤为重要。安保场景＋机器人技术、指挥调度＋自主系统、指挥中心＋智能终端、指挥员＋机器人等人机协同的应用,也已成为大型活动任务保障目前的发力点。同时,相对于日常城市管理工作,大型活动任务保障在应用层面上有更高、更广的牵动范围。因此,大型活动任务保障体系比日常城市运行管理与指挥体系具有更高的价值。

第 6 章　从汶川地震谈应急指挥场景实践

　　应急指挥面对的常常是突发事件场景,可能涉及自然、社会等多风险灾害的交叉影响。尤其是地震、海啸、台风等自然灾害,往往破坏力巨大,而且前期突发态势不明。2008 年 5 月 12 日 14 时 28 分,四川省汶川地区发生了震惊海内外的里氏震级 8.0 级、震中烈度为 11 度的大地震。地震造成了重大人员伤亡、财产损失,而通信设施中断、物资短缺、交通阻塞等都使得救灾难度异常艰难。地震发生后的第一时间,党中央、国务院和地方各级政府及有关部门快速反应,迅速启动国家地震灾害应急预案,按照预案组建各级、各类抗震救灾的指挥机构,组织部署力量、指挥疏导交通、保障运输、分配物资,保证了抗震救灾工作有序开展。在抗震救灾过程中,无论决策指挥、生命救援、转移安置,还是资源动员,均可圈可点,取得了很大的成功,为我们留下了宝贵的经验。同时,救援过程中的教训也值得我们深刻总结。

6.1　场景分析

　　应急救援是以施救对象为本,要围绕"灾情""我情"和"环境"构建数字化的场景态势。地震中,"灾情"要素包括地震信息,房屋、道路等基础设施损毁情况,埋压人员以及受灾群众等情况。对灾情的认知是决策的基础,务必做到实事求是,不能隐瞒。"我情"要素包括指挥组织、国内外各类专业救援组织、医疗资源、志愿者、救援设施设备和物资等。对这些可以组织、调动的力量资源要做到心中有数。"环境"要素则包括自然环境、国际国内舆论、治安、卫生防疫等,要从战略全局视角考虑环境要素的影响,正确研判和引导舆情。

1. 灾情

5·12汶川地震破坏面积超过10万平方千米,其中,极重灾区共10个县(市),较重灾区共41个县(市)。据民政部报告,共造成69 227人死亡,374 643人受伤,17 923人失踪。此外还造成了巨大的经济损失、文物损失、次生灾害,是中华人民共和国成立以来破坏力最大的地震,也是唐山大地震后伤亡最严重的一次地震。

地震导致大量基础设施损毁,依托公安网建设的指挥调度系统、公安350M无线专网、手机通信等亦大多失效,原有通信指挥系统的弊端在此次大地震中充分暴露。重灾区的市县与外界的通信联系一度完全中断,成为"信息孤岛",队与队之间、现场与现场之间、现场与指挥部之间的联系均极为困难。通信不畅,无法迅速评估灾情,救援资源和力量盲目涌入,导致现场混乱、资源浪费、救援效率低下,严重影响救援行动的有序开展。

2. 我情

(1)机构组织 总体而言,汶川地震发生后国务院紧急启动Ⅰ级救灾应急响应,成立抗震救灾总指挥部,设立抢险救灾、群众生活、地震监测、卫生防疫、宣传、生产恢复、基础设施保障和灾后重建、水利、社会治安9个组,分别负责具体指挥相关领域的处置救援工作。地方各级政府第一时间启动应急响应,成立指挥机构,构成了一个从省、市州到县(市、区)、乡镇,覆盖全部受灾地区的纵横联结的指挥体系。

在总结四川汶川和青海玉树重大地震灾害应急救援经验的基础上,2012年8月国务院办公厅发布修订后的《国家地震应急预案》,关于指挥机构的组成与职责部分提到:必要时,成立国务院抗震救灾总指挥部;在地震灾区成立现场指挥机构,在国务院抗震救灾指挥机构的领导下开展工作。国务院抗震救灾指挥机构下设10个工作组:抢险救援组,群众生活保障组,医疗救治和卫生防疫组,基础设施保障和生产恢复组,地震监测和次生灾害防范处置组,社会治安组,救灾捐赠与涉外、涉港澳台事务组,国外救援队伍协调事务组,地震灾害调查及灾情损失评估组,信息发布及宣传报道组。

(2)生命救援 汶川地震烈度高、灾区面积大,生命救援面临的任务重、困难大。汶川地震的生命救援动员了一切可以动员的力量,除了地震灾区群众、地方政府和其他组织进行的自救互救外,国家调动了军队、武警和消防救援力量,近百支专业救援队参加救援,上百万社会各界的志愿者也参加了救援,还有多支境外救援力量参与救援。汶川地震生命救援取得了显著效果,从被掩埋状态下共抢救出生还者8万多人,向全国20个省(区市)340多家三级医院累计转运地震伤员1万多人。

地震发生后,各地紧急救援队伍因组建时间及震情形势不同,在装备配备方面的差别较大,装备不足直接影响救援工作效率。另外,由于地震造成的通信不畅,无法迅速获得受灾人群分布及数量,给生命救援工作带来了很大的影响。

(3)物资调度 由于汶川地震的严重性、特殊性,财政救灾资金、救援物资的投入规模达到了惊人的数量级。据民政部统计,截至2008年5月30日12时,全国向灾区调运的救灾帐篷共计66.45万顶、被子427.05万床、衣物1039.64万件、燃油56万吨、煤炭115万吨。截至2009年2月28日,全国共接收国内外社会各界捐赠款物760.22亿元,其中"特殊党费"97.30亿元,其他捐款555.82亿元、物资折价107.10亿元。

救援物资调度是一项复杂的系统工程,包括应急物资需求预测、应急物资筹集、物流运输,以及物资供应点、需求点、存储点在约束条件下合理调配管理等问题。在物资的调度过程中,由于捐赠款物来源广、数量大、品种多、时间集中,加之有关部门和地方政府相关制度尚未建立健全,应急管理经验不足,存在着分配不均衡、供需信息不畅和脱节的现象。随着抗震救灾工作由抢险向灾后安置过渡,部分捐赠物资出现了结构性"过剩"与短缺并存的现象。

(4)转移安置 汶川地震由于灾区面积大,受灾群众数量

第 6 章 从汶川地震谈应急指挥场景实践

巨大,转移安置也更为重要。整个汶川地震抗震救灾期间,转移安置受灾群众达 1510 万人。灾区由于存在余震、震后地质灾害、堰塞湖等威胁,紧急转移安置到灾情较轻城镇及周边地区达的人数 750 万人。政府利用帐篷、自建篷布房、体育场馆、文化馆以及文化广场等大型公用设施进行临时安置,并鼓励、发动农村群众就地取材自建过渡房,统一建设过渡安置房、闲置房等形式进行过渡性转移安置。

转移安置过程中也出现不少问题,如紧急安置中一些集中安置场所出现安置人数严重超出安置能力的情况;临时性转移安置点因为建立仓促,存在安置管理松散、人员规模难以控制、后勤保障难以持续等问题。但相对当时转移安置工作的规模和难度而言,这些细节场景问题也是在所难免,多次转移安置总体上平稳有序。

3. 环境

汶川大地震事发突然,损失惨重,时机敏感,困难重重。我国政府相关部门及时、全面、客观、充分地发布地震信息,在行政信息公开方面树立了良好的形象。政府有力、有序、有效地进行抗震救灾,通过媒体及时、公开、透明的报道,赢得国际社会、境外媒体、网络舆论的广泛赞誉和充分尊重;迅速稳定灾区群众情绪,有力拓宽了救灾信息渠道,通过多种途径为民众提供灾情、救援的信息服务;通过对社会各界踊跃捐赠、参与抗震救灾人员及志愿者感人事迹等情况的报道,极大地激发了人们的爱国热情,有效地强化了人们的公益意识、公民意识、国家意识;政府通过手机短信、网络、电视、广播等各种媒体平台树正气、辟谣言,让谣言在权威信息下很快销声匿迹。

6.2 系统支撑平台

汶川地震发生后,国家发布了《地震现场应急指挥管理信息系统标准》《地震应急指挥技术系统建设规范》等一系列国家标准规范,各地通过建设、完善地震应急指挥信息化平台,全方位获取震情、灾情、救援等各类信息资源,实现信息流动控制、共享管理和集中调度。通过音视频技术达到上下级之间、协同单位之间的连贯协同,保障工作部署、指令的传达和信息的上报,实现应急信息管理以及可视化、扁平化调度。地震应急指挥平台主要包括融合通信、大数据支撑、应急指挥应用三部分。

6.2.1 融合通信平台

融合通信平台从物理层面是为指挥调度提供基础服务,面向调度终端种类繁多、网络各异、多头调度、各系统独立、指令无法自动互通以及现场作战技术手段协同等问题,实现对电话、手机、集群对讲、视频监控、视频会议终端、图传终端等所有终端的接入,能够以音频、视频、图片、文字等各种方式实现点对点音频调度、点对点音视频调度、多方协同指挥,以及单点、多点音频和视频监听、监视,音视频广播,群组广播,音视频群组调度(组呼、群呼),音视频集群通信,GPS定位等全融合、全

第6章 从汶川地震谈应急指挥场景实践

业务功能(见图6-1)。

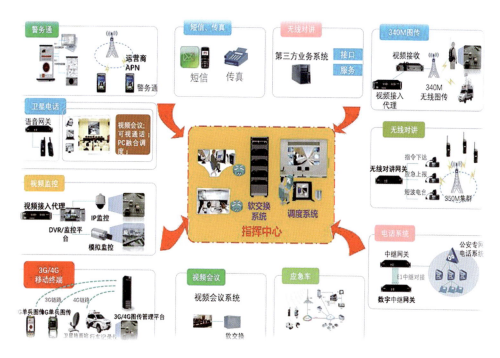

图6-1 应急管理通信保障体系示意图

融合通信平台从网络层面上是通过多种通信方式融合通信网,采用各类通信网关,融合PDT窄带数字集群、LTE宽带数字集群、5G通信公网等多种通信方式,实现数据、音视频跨网无缝稳定传输;完善自主可控广域覆盖卫星网,固定卫星地面站、动中通指挥车、卫星便携站,构建全域卫星网,作为指挥网的延伸和扩展,通过省应急管理综合指挥中心统一调度,为地震现场远距离通信和各级指挥部提供应急通信保障。同时使用有线专线、无线通信网、卫星通信网共同作为音视频和数据资源传输线路,实现网间通信融合互联。

四川省通过建立省、市、县、乡四级指挥体系,实现了与应急管理部、国家减灾中心、省减灾委相关成员单位，以及地方各级政府的紧密衔接。每个县都配备有短波电台，保障灾区通信联络方式中断后，能够利用短波电台作为最后的应急联络方式。四川省配备有动中通、静中通及方舱式应急指挥车、多机型多功能无人机、便携式卫星通信站、LTE通信集群、短波电台、北斗手持终端、单兵无线图传系统等先进装备。运用互联网、短波、超短波、卫星通信等手段，通过5G、移动通信车、自组网等进行快速布网，建立通信网络连接。

6.2.2 大数据支撑平台

通过地震应急管理数据中心，构建地震应急管理业务云，形成性能强大、弹性计算、异构兼容的云资源服务能力；构建全方位获取、全网络汇聚、全维度整合的海量数据资源治理体系。

1. 多源数据获取

构建大数据支撑平台，通过跨应用、跨业务、跨部门的信息共享，对接获取其他委办局地震应急管理业务相关数据，分类接入气象、自然资源、水利、交通运输、市政管网、住建房屋、民政人口、公安视频监控等外部单位信息资源。主要通过物联感知、卫星感知、航空感知、视频感知和全民感知等五种途径汇集各地、各部门感知信息，实现感知对象全覆盖、感知终端全接入、感知手段全融合、感知服务全统一，满足风险隐患和地震灾害数据的全面感知要求。具体感知途径如图6－2所示。

第6章 从汶川地震谈应急指挥场景实践

图6-2 地震应急多源数据感知网络

(1) 物联感知 利用固定台站式传感器或便携传感器，重点获取设施设备、环境以及人员的基本信息和安全相关状态信息。随着物联网技术的应用，通过传感设备、仪表监测智能设施、实时监测地震的测震仪等，实时监测地下水位、水温、气压等环境信息。通过现场设备身份识别二维码标签、RFID标签等各类感知终端，实时感知获取地球物理场和化学场变化信息等；通过使用红外生命探测和雷达生命探测仪感知被压人员的生命特征。

(2) 卫星感知、航空感知 地震发生后，航空与卫星感知是大范围灾情评估的有效途径，两者都是利用RS（遥感）技术进行灾情监测。卫星感知利用气象卫星、资源卫星等卫星平台搭载的可见光、微波、多光谱等探测设备，采集地震、地质、气象等灾害的遥感信息。航空感知利用直升机、无人机等空中平台搭载的图像、红外、激光、气体等探测设备，采集监测监管对象、灾害现场、灾害态势演变的信息。

(3) 视频感知 利用搭载在地面固定设施或移动云台、单兵、移动终端、可穿戴设备上的图像传感器,采集灾害事故现场视频图像信息,为可视化调度指挥、视频会商提供视频资源。随着公共安全数据体系建设取得长足发展,在应急救援中天网工程、雪亮工程等的安防数据等都可以对灾害监测提供直接数据辅助决策。

(4)全民感知　充分发挥社会公众力量,利用社区响应人和信息速报员语音电话、文字短信、移动应用等信息化手段上报隐患风险和事故灾害。通过网络爬虫、文本语义分析等技术采集并聚合社交媒介中地震灾害相关文字、图片、位置共享、视频等多模态数据,挖掘潜在风险,获取灾害信息。

2. 数据处理和应用

通过与各方数据、业务系统对接,利用数据抽取、消息服务、文件上传、填报采集等技术手段,以人工导出、前置抽取等方式,实现多源异构数据跨网络、跨地域的统一引接,形成多方参与单位信息共享、发布和指挥调度的数据流统一出入口。通过提取、清洗、关联、比对、标识等数据处理方法,依托自然语言处理、语音分析、生物特征识别等人工智能算法,利用分类智能化建模工具,整合态势感知类、监测预警类、监督管理类、灾后评估类、分析研判类、资源调度类等模型资源,形成涵盖聚类算法、图像分析算法、机器学习算法、音视频分析算法等的算法仓库。

基于模型工厂搭建集构建、组装、评测、管理于一体的应用工厂,实现通用应用和综合应用的统一集成封装与应用解构。其中,通用应用包括信息流程类、交互支撑类、数据应用类、业务应用类等；综合应用是在通用应用的基础上，进一步形成包括综合态势分析、综合监测预警、综合辅助决策、综合行动处置、数据信息共享等的综合类应用。

6.2.3 应急指挥应用平台

基于融合通信平台和大数据支撑平台，搭建应急指挥应用业务系统，包含地震态势分析、决策支撑、行动处置、保障支撑业务子系统。

1. 态势分析系统

开展地震救援态势分析，如何构成空、天、地立体化多层级态势至关重要，所有态势的展现以"一张图"为原则，赋予空间、区域和行政属性。可按照应急内容将态势分为人员伤亡专题态势、建筑物损毁态势、气象环境专题态势、城市安全专题态势等。态势的构建是指挥调度的基础支撑，具体包括以下几点。

（1）事件接报　作为应急情报的重要来源之一，安全事件接报接收电话、微信、短信、互联网等各种信息入口，形成类似公安的接警机制，接报的过程引入AI智能关联处置预案。

（2）态势监测　通过汇聚社区响应人和信息速报员上报的信息，社交媒介中地震灾害相关文字、图片、位置共享、视频等多模态数据，区域通信管网、基站数据、交通路网数据以及监控视频等监测地震一线受灾情况。

（3）态势预测评估　基于态势监测数据，利用大数据、人工智能识别等技术，迅速、准确地建立灾情数字画像。例如通过手机定位数据进行人口分布研究，根据移动通信网络中的用户手机定位数据来推算灾区人口分布情况,并结合具体用户行为数据构建常态下地震灾害高发区域高时空分辨率人口估算模型,推算灾区人口分布情况,也为生命救援提供了辅助研判依据。

(4)态势预警　对可能形成事故灾难的形势进行预警,建立预警信息分发机制,在信息化层面打通预警信息无障碍瞬时分发至相关部门的渠道。

2. 应急决策支撑系统

在救援过程中,大数据支撑平台逐步积累信息交互数据,在此基础上建立包括现场环境、人员、装备的专题态势分析,进而提炼包含应急接报、应急预案、协同会商、预案处置等的决策支撑。这也是构建场景认知大脑的过程,具体功能包括以下几点。

(1)情报分析研判　利用专业分析模型,结合一张图实现综合信息的汇聚叠加,进行安全态势和灾情综合研判分析。利用多源数据融合、大数据关联分析、案例推演等技术,建立面向灾情的知识图谱,分析灾情的发生特点、演化特征、救援难点等内容,提出风险防护、应急处置等决策建议。

(2)应急预案　通过应急智能预案系统,对预案所涉及的部门、一线力量、资源等进行数字化。通过将各类突发事件报警信息智能关联相应预案,实时关联预案所涉及的相关部门、处置力量,继而实现预案一键式调派。

(3)应急处置方案　突发事件发生时,根据突发事件的种类、影响范围和伤亡情况,结合数字化应急预案,自动或手动判断突发事件级别,并根据不同种类和级别快速启动对应的突发事件应急预案响应。通过对各类突发事件不同响应级别对应的基本信息、

第6章 从汶川地震谈应急指挥场景实践

总指挥部、现场指挥部、应急处置步骤、协调联络人员等内容的配置和应急预案要求,基于事件情况,快速成立总指挥部和现场指挥部,生成人员联络和应急处置步骤清单,实现突发事件的快速响应。依据突发事件的发展和演变,可及时变更响应级别。

(4)应急协同会商　依托已有的网络资源,以视频会议为核心,各类视频会议通信设备为载体,全面覆盖各灾害现场,同时整合公安、消防、医疗、民政各级视频会议资源。为指挥人员、事故现场人员、各领域专家提供远程在线会商通信服务,实现指挥中心与灾害现场信息的精准、高效传输,人员、物资精确定位,文件、数据在线共享,音频、视频、文字在线交流,远程视频指导,提高应急协同能力。

3. 应急行动处置系统

应急行动处置系统是在决策分析的基础上,通过指令的上传下达,实现对资源和队伍智能化、扁平化、可视化的指挥调度,由现场人员对具体的执行情况进行反馈。具体包括以下几点。

(1)指令下达　接收后方指挥中心赋能,基于移动指挥实现各类网络环境下(自组网、LTE等)指令的快速可靠下达。

(2)行动反馈　一线力量通过所佩戴的感知设备,实时传输处置过程的音视频、图像、文字等信息至前线和后方指挥中心。

(3)资源调度　建立资源力量和应急所需力量优化管理机制,实现对人、车、物等资源的定位管理、状态管理,对各类队伍、各种装备物资的统一管理调度,以及与公安、交通、民政等其他部门的统一协调联动。

（4）信息发布　地震发生后,通过社区广播、电视、报纸、网络、微博、微信、自媒体、客户端、手机终端等多元媒介融合传播,实现文字、图片、音频、视频等多元信息格式交织传播。对灾情、预警、救援过程、重要通知信息的汇总、采集、审核、发布进行全流程管理;同时,通过信息的综合分析,掌握灾区交通运输拥堵情况、周边城市危化品等潜在安全风险、资源优化调度等指挥调度场景,提供多种形式的靶向精准发布服务,辅助决策研判。

4. 应急保障系统

应急保障系统贯穿整个应急救援过程,对救援过程起到全方位支撑作用,具体包括以下几点。

（1）通信保障　保障统一通信的可靠性。

（2）应急处置评估　对应急处置建立全流程评估模型,结合应急预案和历史灾情案例,在应急处置、指挥调度中智能推荐周边救援力量、物资装备、应急处置知识、灾害损失评估等,从而辅助领导对灾情的态势发展进行科学研判分析,提供辅助决策支撑。

（3）应急资源管理　对救援物资、装备、专家、灾害信息、救援队伍等进行统一管理,通过智能优化算法辅助跨区域协同调度。跟踪资源调度,保障投入的力量合理、合规。

6.3　关键技术

1. 以北斗为代表的卫星通信技术

特大地震发生后,有线、无线通信网络往往随着基础设施损毁而失效,地震应急卫星通信网络就显得尤为重要。2020年6月23日,第55颗北斗卫星(第三代北斗最后一颗卫星)发射成功,北斗全球组网圆满完成!在应急救援中,通过北斗系统的短报文与位置报告功能,可实现更精准的空间分析,为各种静态和动态目标的定位、跟踪和人员、物资、装备的调度与管理提供有效支撑,还可以实现灾害预警速报、救灾指挥调度、快速应急通信等,提高灾害应急救援反应速度和决策能力。

(1)灾情信息采集　北斗卫星导航系统对发送短报文的字节长度和时间间隔都有严格要求。随着全球组网的完成,北斗三号的短报文通信能力显著提升,信息发送能力从一次120个汉字提升到一次1200个汉字。遇到突发情况时无需字斟句酌,可以将情节一次性说清楚,还可发送图片等信息。它是信息采集的"千里眼",最大限度地保证了我们对"72小时黄金抢救时间"的充分利用。

(2)灾害监测预警　北斗系统的高精度位移监测系统可以精确到毫米级。2020年湖南省长沙市望城区借助北斗系统成功预警一处坡体滑动地灾隐患,与之联动的预警平台通过网页、手机App、短信、邮件、电话等多种方式,将警报实时发送给了相关人员。

(3)北斗高精度定位　通过北斗系统厘米级高精度定位,预警平台为消防人员提示火警位置,同时显示楼宇周围消防栓分布状态、消防栓水压情况、位置信息,极大地方便了救援。此外,将来手机、车辆定位系统使用北斗定位技术,可精确掌握人员、车辆、物资的位置信息,完全自主可控。

我国北斗系统将导航、定位、授时、短报文通信服务融为一体，还有国际搜救、星基增强、精密单点定位等服务功能。将来，北斗与5G、无人智能装备结合，还会为应急救援提供更强大的支撑，满足防灾、减灾、救灾所需。

2. 以遥感为代表的智能识别技术

智能识别是借助计算机技术让机器模拟人类识别行为的科学，所识别的对象包括一维（语音、数据等）、二维（图片、图像等）、三维（视频、图像序列等）。技术要点在于模型数据库的搭建，以及对所提取的特征/模式进行分类决策或模型匹配。

在新技术的推动下，遥感影像解析基于深度学习的目标形状建模、深度神经网络训练算法及优化、图像特征快速提取等技术有了新的提升。例如快速提取水体信息，可为检测灾区堰塞湖提供判断依据。有了精准、快速的遥感数据解译信息，为灾区定位、人员分流输送、物资分配等提供科学的判断依据（见图6-3）。

图6-3 地震灾情造成的地质滑坡前后对比示意图

第6章 从汶川地震谈应急指挥场景实践

此外,天网工程、雪亮工程等视频图像识别技术能很好地还原现场的真实状况,将现场视频传送到监控中心和救援中心;基于视频监控的红外热成像技术对烟、火准确且有效识别后进行报警;高清视频与5G相结合,可以为地震救援现场的方舱医院提供良好的医疗救助环境。

3. 以无人机为代表的智能装备系统

在地震救援指挥调度中,加快无人搜救装备的研发是当务之急。无人装备在地震救援中发挥着越来越大的作用。无人机能够不受地面状况的限制迅速到达恶劣的环境和地区,利用搭载的高分辨率面阵CCD数码相机与GPS定位、姿态传感器、成像传感器等,记录现场受灾状况和图像信息,可快速提供资源环境承载力评价专用图、灾后损失评估专题图和灾后重建规划专用地形图等。另外,无人机搭载通信中继设备,快速为灾区构建局部通信网络,以满足灾区临时应急任务;搭载照明设备,可用于夜间废墟搜索营救照明;搭载小型医疗急救包、应急救援设备、少量食品定点投掷,为医疗小分队和被困灾民投送急需物品;搭载消毒试剂对灾区空气和地表进行快速高效杀菌,为灾区防疫防病服务等。2016年2月中国台湾高雄市的6.7级地震由于发生在地形复杂的城市市区,搜救人员借助无人低空机航拍视频更清晰地了解到灾难现场,并投掷大量食品和简单的医护物品。整个搜救行动有条不紊,效率明显提升。

沈阳自动化所在"废墟搜索与辅助救援机器人"课题支持下研发的废墟搜救可变形机器人,可进入坍塌建筑内部,利用自身携带的红外摄像机、声音传感器将废墟内部的图像、语音信息实时传回后方控制台,供救援人员快速确定幸存者的位置及周围环境。

4. 虚拟现实技术

在地震指挥调度场景中,虚拟现实系统的主要价值在于指挥调度各组成要素与空间数据深度融合,结合可视化技术可快速定位事件发生地,并支撑开展地理要素的识别、分析等业务。结合增强现实(AR)技术,基于对空中、空间和地景三维一体的全视角理解,未来指挥员不必再从大量文字、多媒体情报中进行知识提取、聚类、分析,可直接从三维态势中获取海量信息,从而建立对场景的直观认知,并建立以交互为核心的沟通渠道。其目标是提高指挥调度参与者的临场感、沉浸感体验,使决策更精准、指令更具体、行动更明确,还可支撑模拟训练、地震建模仿真推演等活动。

科研人员基于房屋高度、结构类型、建造年代等关键地理信息系统数据对城市进行快速精细化建模仿真,只要输入实时的地震监测数据,就能快速生成所在区域房屋破坏分布图,从而为城市防灾、减灾规划提供精细化的建议。比如,应该在哪里,配备多少避难场所、消防站、医院等。

6.4 小结

重大地震灾害造成巨大的人员伤亡,破坏城市水电气热各

第6章 从汶川地震谈应急指挥场景实践

类管网、交通设施、通信基站等基础设施,不同的救援阶段对人员救治、转移安置,人力、财力、物资的调配决策,各种信息的获取、共享要求各不相同,所以救援过程必定会呈现高度复杂性和不确定性。

地震救援应急指挥调度通过物联感知、卫星感知、航空感知、视频感知、全民感知等途径,汇集各地、各部门感知信息,构建全域覆盖的感知网络,实现对地震灾区全方位、立体化、无盲区的动态监测,为多维度全面分析风险信息提供数据源。通过5G、专业数字集群(PDT)、综合专网、互联网、宽窄带无线通信网、通信卫星、无人机、单兵装备等手段,实现天地一体、全域覆盖、全程贯通、韧性抗毁的应急融合通信网络。随着北斗系统全球组网的完成,其定位、短报文通信功能将为地震应急救援提供更强有力的支撑。以机器学习、神经网络、知识图谱、深度学习等算法为支撑的先进、强大的大数据支撑平台和三维虚拟现实等决策处置平台,为上层的态势分析、决策支撑、应急处置、应急保障等业务提供应用服务,形成地震应急管理信息化体系的"智慧大脑",有力支撑常态、非常态下的事前、事发、事中、事后全过程数字化场景业务研究与应用。

我们要紧紧抓住应急管理事业改革发展的重大战略机遇,加快构建科学、全面、开放、先进的地震应急管理信息化体系,加快物联网技术、工业互联网等现代信息技术与应急管理业务

深度融合,不断提高风险监测预警、应急指挥保障、智能决策支持、政务服务和舆情引导应对等应急管理能力,全面支撑具有系统化、扁平化、立体化、智能化、人性化特征的现代地震应急管理体系建设。

第7章　从疫情防控谈社会治理场景实践

2020年,全球爆发新型冠状肺炎疫情。面对突如其来的严重疫情,党中央统揽全局、果断决策,坚持人民至上、生命至上,以坚定果敢的勇气和坚忍不拔的决心,迅速打响疫情防控的人民战争、总体战、阻击战,夺取了全国抗疫重大战略成果,为全世界抗击疫情树立了典范。

防疫的过程给我们带来了许多的反思,让我们更深刻地认识到社会治理体系建设问题。首先,从体制层面看,2003年"非典"之后,以卫生应急体系和核心能力建设为主体,我国建立了全球规模最大的传染病疫情和突发公共卫生事件网络直报系统。2009年启动了新一轮卫生体系改革,目标是建立覆盖全民的基本医疗卫生制度。2015年《转型中的中国公共卫生体系》(世界卫生组织亚太卫生观察国家系列报告之一)中详细阐述了我国卫生组织和治理体系发展。从分权改革角度看,疾控系统建设的优劣取决于具备权力的各级政府的重视程度以及投入水平(见图7-1)。其次,从理念层面看,从社会管理到社会治理是一个核心理念的变化,是政府公权力和社会的再平衡。良好的社会治理需要以人为核心,打造政社协同共建、共治、共享的治理格局。这场抗疫斗争是对国家治理体系和治理能力的一次集中检验,原本不太重视的漏洞、短板、弱项纷纷暴露出来,伴随着疫情的延宕起伏,政府和社会全体在经受着持续的拷问,进一步加深了"以人为本"的认知理念。最后,从信息化层面看,对风险的防控能力主要体现在方法上、技术上、手段上,关键是保证信息流通畅,数据留痕。只有实现对各类风险的实时感知分析,及时采取有效的措施、方法和手段,建立和完善风险控制策略和危机管理体系,才能保证社会的持续、稳定、健康发展。

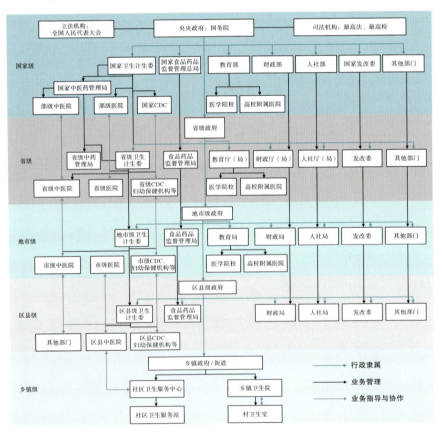

图7-1 卫生组织和治理体系概览(摘自《转型中的中国公共卫生体系》)

第7章 从疫情防控谈社会治理场景实践

从某种意义上讲,疫情防控就是我们经常谈的"平战结合"理念在社会治理领域的"战时状态"下的应用。本章以此为切入,通过疫情防控浅析社会治理。

7.1 典型场景分析

7.1.1 场景特征

1. 复杂风险特征显著

风险从产生的原因上可以划分为自然风险、社会风险、经济风险、政治风险、技术风险。病毒导致的瘟疫本属于自然风险,但在处置过程中人为失误就会带来社会风险。瘟疫大范围蔓延,甚至全球传播的话,就会伴随经济风险、政治风险。人类在研究病毒和基因技术过程中,也可能存在技术风险。不同的风险会叠加,无疑将导致更大灾难和难以估计的后果。2020年"新冠"疫情正是自然风险、社会风险、经济风险、政治风险、技术风险五大风险齐聚,相互交叠在一起,构成了一个以疫情防控为核心的复杂问题,给全世界带来了更为复杂的不确定性。所以,不能片面看待某一个事件,需要从全局性、系统性考虑,而这也是我国社会治理面对的一场大考。

2. 人员大流动带来大挑战

"新冠"肺炎是一种群居性、具有传播性的传染病,经呼吸道飞沫和接触传播是其主要传播途径,所以疫情防控的首要任务是管控人员的流动,切断传播路径。我们可以把人群分为病毒携带者、与病毒携带者擦肩而过的路人、密切接触者、健康人群(见图7-2)。病毒携带者在出行过程中接触到路人,到达目的地后与周围人群密切接触,他们都有可能成为感染者、病毒携带者。我们通过溯源分析可以找到病毒携带者和密切接触者。但病毒传播链中最大的隐患是路人。在病毒携带者未确诊之前,没有人知道谁和病毒携带者曾经同行,且整个传播链中各节点都可能出于个人因素瞒报、谎报。另外,据报道,病毒携带者在治疗康复后存在再次复发与传播的可能,因此这种"复发隐藏型"的传播使得问题更加复杂。

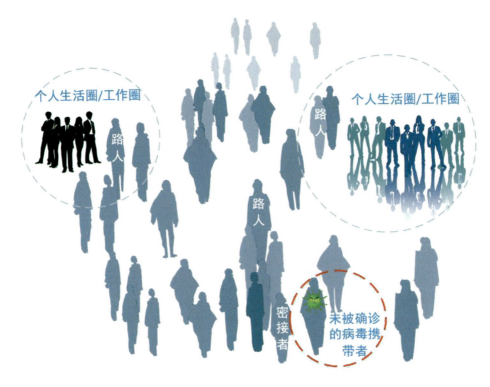

图7-2 四类人群划分

3.全局协调式的指挥体系

我国的制度和体制优势决定了在需要时可迅速动员、统一指挥各类力量,高效完成预定目标。2003年"非典"之后,国家建立了疾控四级直报系统,已知的、已定性的传染病如脊髓灰质炎、天花、鼠疫等都可从村社直接报到中央。这种机制将传染性疾病的快速发现由原来的5~6天提高至4小时。

7.1.2 场景分析

社会治理的核心在人,社会治理画像首先是以人为核心的关系网络画像,这是支撑不同场景的共性要素。在面对诸如矛盾纠纷、疫情防控、网络舆情等不同场景问题时,以社会关系网络画像为基础,以问题牵引实现对场景的全息画像,从而解决特定业务需求。

1. 社会治理关系网络

社会治理关系网络的核心是对人的静态信息和动态信息的掌握,其中静态信息采集主要以各种调查为主,获取包括居民区、社区人口、人员关系、车辆(人车关联)、楼栋、社区公共设施、商铺等信息;动态信息则以人、车为主,主要通过带有人脸识别和车辆识别功能的智能摄像头、小区通行卡口等物联感知手段获取。将上述信息中的固定关系网络(亲戚、邻居、朋友等)及临时关系网络(活动轨迹、同行人员等),按人员基础属性以及时空属性维度进行整合,即可实现以人为核心的社会治理关系网络画像(共性画像)。在"新冠"肺炎疫情防控场景中,结合筛查结果对四类人群精准标注,可从全局角度掌握区域内以及跨区域人员流动关系,亦可抽丝剥茧提取某个确诊感染人员的病毒传播链,从而实现对病毒传播链的快速溯源分析和传播

趋势分析,及时采取有效措施防控。

2. 社区疫情防控

疫情防控关系每一个人。在该场景中,主导者是中央到地方各级政府,参与者是专业力量、社会组织、社会公众,对象则是病毒。为了减少传播概率,全国人民响应国家号召,减少出行、回到家中。然而,长期居家自然带来衣食住行、看病就医等问题。所以,要做好社区疫情防控,必须要明确疫情防控状况以及生产生活需求。

在疫情防控方面:社区、园区、景区、车站、超市、药店等公共场所普遍采用了"扫码"手段,我们可将此类健康码视为"虚拟门",这是建立社会治理关系网络的重要构成部分,也是在疫情防控领域对病毒携带者、传播链进行溯源的核心。目前普遍存在的问题是,社区基础设施建设以及数据共享水平低,大部分社区没有入口管控设施(例如闸口、人脸识别设备等),也没有数字化记录体温检测结果,导致未实现对人员的动态关系网络画像。同时,如果每次进出此类门均要扫码、登记、测体温,则容易造成社区居民的心理疲劳,增加了矛盾纠纷的发生概率。针对该问题,需采用信息化手段,在感知域实现体征、身份、轨迹等无感采集,利用社会治理基础关系网络实现高效疫情防控和方便群众生活双目标的协调。

在生产生活需求方面:有部分社区深刻洞察社区公众需求,实行"送菜上门、送药上门、快递代发代收"等服务。这些虽然都是社会治理基础工作,但体现的是紧贴需求、解决基础矛盾这一核心目标。要实现疫情防控和生产生活的协调,需要构建抗疫主题下的生产生活画像,也就是指挥者要采用信息化手段进行记录、跟踪、评估,进而掌握社区群众共性需求,甚至每家每户的个性需求,并进行精准决策,通过适当的方法满足上述需求。

社会治理画像的本质,就是用数据去描述社会治理领域的特定需求,并采用具体手段去实现目标。需求的区域差异性、多样性决定了没有任何一种手段可以一次完成社会治理画像构建,而是应该首先对业务领域进行细分,并区分共性画像和个性画像,进而实现对社会治理画像的持续构建和积累。

7.2 多源数据整合

社会治理的数据源来自社会治理的每一个细分场景,需要建立云数据中心到边数据中心的数据存储体系。其中,城市大数据中心作为数据存储的核心,应汇聚政府公共数据及各业务条线数据,对社区数据中心切块赋能;社区数据中心应以政策和利益为手段协调物业、产权单位等部门,整合社区数据,在利用这些数据做好社区服务工作的同时向上汇聚至城市大数据中心。本节忽略对不同层级数据源的分类,例如省级政府数据、市级政府数据等,仅从政府管理数据源、社会公共感知数据源以及面向基层治理的社区生活数据源三个方面描述画像数据源。

1. 政府管理数据源

基础数据涵盖矛盾纠纷、舆情、重点群体风险等级、群体性聚集情况、重点人员活跃人数、重点人员级别、重点人员分布、重点人员列表、维稳动态信息、矛盾问题趋势、重大群体风险指数、内部管理新闻、重大部署、人员结构等。还涉及民政类婚姻登记数据、离婚登记数据等；住建类房地产产权登记数据、变更过户数据等；税务类企业、个人税务登记数据等；工商类企业登记数据、企业法人代表数据等；工信类电子设备入网登记数据、硬件特征数据等；铁道类网上电话窗口订票数据、窗口取票机网点取票数据等；海关类过关身份验证数据、现场人像、指纹等生物识别数据等；民航类订票数据，民航离港数据等。

2. 社会公共感知数据源

社会公共感知数据源主要涉及网络舆情、城市热线、通信、社交、物联感知数据等，例如注册、登录、定位、设备硬件等互联网通用数据，网络购物、订单支付、博客论坛、视频直播、游戏等行业数据，网络订餐外卖、网约车、共享单车、住宿预订等订单数据，各种传感器、联网交通工具数据，智能家居手环等物联感知数据等。

3. 面向基层治理的社区生活数据源

社区生活数据主要是围绕社区所形成的社区内、社区周边和社区间的生活服务数据。社区内主要有人口数据、车辆数据、门房梯物数据、水电气热数据、社区安防监控数据、卫健民政数据等；在社区周边主要是商业服务、政务服务数据等；在社区间主要是交通数据、时空数据、互联网服务数据等。

7.3 平台支撑方案

7.3.1 大数据支撑平台

自 20 世纪 80 年代以来，我国开始进行信息化建设。截至目前已经积累并将继续积累海量的数据资源。这些资源不乏逻辑紧密关联但实际未做关联的数据，而要真正挖掘数据的潜在价值，必须采用大数据手段将数据融合汇聚，并以工具和算力作为支撑，提供应用服务。基于该理念，在社会治理领域需建设大数据平台以支撑实际业务运转。通用大数据平台架构如图 7-3 所示。

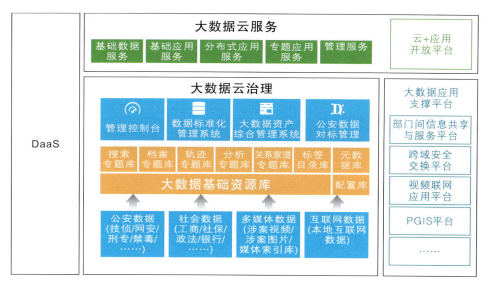

图 7-3 社会治理大数据通用服务平台架构

大数据云服务平台提供基础数据服务、基础应用服务、分布式应用服务、专题应用服务和管理服务，提供面向不同社会治理场景下的应用服务。应用支撑平台是面向云应用服务平台提供应用支撑的业务平台，包含地理信息服务平台、跨域安全交换平台、视频联网应用平台和 PGIS 平台等。通过应用支撑平台提供数据服务所需的各项支撑工具、组件和数据；大数据云治理平台对接入的大数据资源服务数据库进行治理，建立面向社会治理的专项数据库，如元数据库、搜索数据库、轨迹数据库、分析数据库、关系数据库、标签数据库、车辆库、重点人员库等。在此基础上，进行数据标准化治理、数据资产管理、数据模型建设，实现对数据的清洗、治理、分析、共享交换和展示。基础资源平台是社会治理大数据平台的数据源，包含两部分：一部分是现有政务数据、企业数据、互联网数据和社会数据等已建设和已生成的数据；另一部分是自建数据，依据社会治理需要，建设特定治理场景下的物联感知数据和人工采集数据、临时治理数据等数据资源。比如，此次疫情期间，依据实际需要建立了很多临时数据资源库，并重构了大量已有的数据资源，形成新的基础数据资源。

7.3.2　社会治理应用平台

社会治理平台是一个多场景、多级联动的大平台。本章伊始我们描述了概化的社会治理场景，在本节我们以疫情防控为例，着重描述社区层面的落地方案。在第 2 章中表 2-1 展示了省级以下综合治理中心业务场景的范围。

社区是人民群众生产生活的基本场所，是社会治理的基本单元。要做好社会治理工作，必须将落脚点定位在城乡社区，构建社区治理微循环。从信息化角度分析，建设社区治理平台是社会治理大平台的基本"组件"。

第7章　从疫情防控谈社会治理场景实践

1. 社区信息采集系统

在"新冠"疫情防控过程中，部分社区逐渐加深了对社区信息采集的认知，但大部分社区仍旧靠人来弥补信息采集短板，导致基层社区防疫人员不足等问题。因此，应建设移动App社区信息采集系统，采集包括社区、楼栋、家庭、人员、车辆等信息，并在相关对象属性发生变更时及时更新维护相关信息。

2. 社区综合信息管理系统

在"新冠"肺炎疫情防控过程中，大多数社区并未将日常采集的体征信息数字化，导致进出门、购物等需要反复扫码，人们的基本生活受到了较大影响。造成这些问题的主要原因，是社区信息采集系统相对不完善、缺乏对信息以时间为单位的信任式管理、缺乏信息共享等。另外，反复向各条业务线提交基础数据，也对社区造成了极大压力。解决上述问题的关键，在于利用采集的数据对社区人员、车辆、居民区、商业、房、路等要素进行画像，并以GIS地图为基础，将画像整合至地图并进行可视化表达，实现社区信息一张图管理。同时社区采集的数据要及时同步至大数据中心（有条件的地区可考虑区块链技术），以实现对数据的共享。同时，政府各条业务线可以通过相应授权机制直接访问社区相关数据，避免了直插到底所引起的数据反复上报、标准不一致等问题。

3. 社区服务需求系统

因为病毒的超级传播特性，"新冠"肺炎疫情防控期间居家生活和办公成了常态，居民生活保障成了一个难题。因此，诸多社区主动提供了代购和送货上门等服务。用信息化去解决类似"需求—响应"问题，就是采用微服务架构搭建"居民吹哨—社区响应机制"的服务平台。社区居民可在平台提出自己的需求和问题，社区对这些需求进行甄别，并根据需求性质执行派单任务，本级无法解决的问题，则转交至上级相关部门解决。任务执行完毕后，通过反馈和打分机制进行效果的评估，并持续完善服务流程。所有相关问题积累到一定规模后，街道、乡镇对其进行综合研判分析，找出社会热点和政策发力点，使政府在施政时精准高效、契合实际。

4. 社区安全防控系统

以各类"门"的管理为抓手，用电子围栏技术建立社区周界防范系统，以机器人（具备巡逻、喊话等功能）、智能摄像头（具备人车识别功能）等技术建设无人值守的小区安全点位部署，确保人车留痕。采用区块链技术对社区人口进行管理，打造基于信任的管理模式，减少社区出入检查靠"熟悉"、保安更换则带来一堆"需要重新认识"的问题，缩小检查范围至访客。

5. 社区共治系统

"紧紧依靠人民，充分发挥人民群众的力量战胜疫情"是"新冠"肺炎疫情防控中的重要方法。这句话的中心思想就是发挥群体力量，可以以积分奖惩等措施为手段，建设包括政策宣贯、市长/街乡领导在线、投诉建议、风险识别、居委活动规划、志愿者/领域能人报名、楼长管理、居民需求承接等功能于一体的社区共治系统。使用"志愿者报名"功能,对热衷于社区服务的志愿者以及生活领域能人进行管理。"居民需求承接"则以社区服务需求系统所发布的吹哨任务为目标,由志愿者接单,社区审核(志愿者素质和技能方向等)。以友邻社区服务共享为目标预留信息通道,在共享服务的同时提升社区间的友好度和黏合度。

7.3.3 互联网＋社会治理

依托互联网平台将 C 端服务模式与 G 端管理模式相结合。疫情以来,很多互联网企业发挥了平台优势,从在线的个人服务扩展到政务服务、企业服务。以"抗疫"为主题,围绕个人健康申报、患者同行查询、就诊医疗服务、市场监管举报、口罩预约服务等不断以"微信＋政务服务""小程序＋政务服务"的方式涌现,逐步形成了以疫情动态、个人申报、群众监督、在线咨询、门诊药店、同行程查询、辟谣平台、口罩预约、疫情地图等模块为基本服务内容的"疫情防控"在线应用模板;在线课程、云课堂等互联网工具解决学生延时开学的学习问题;远程办公、在线会议等工具包助力企业在线复工;物流平台发挥供应链优势,解决物资调配难题;在线零售以及外卖平台保障公众基本生活。

在疫情背景下,面向个体的健康服务、政务服务、舆情信息服务、教育服务、办公服务、寄递服务、零售服务等互联网服务模式在悄然改变着社会,也为社会治理模式提供了创新性探索,加速了社会治理基础要素的规范化进程,实现了疫情下社会治理 G 端与 C 端双向交融的有序化(见图 7-4)。

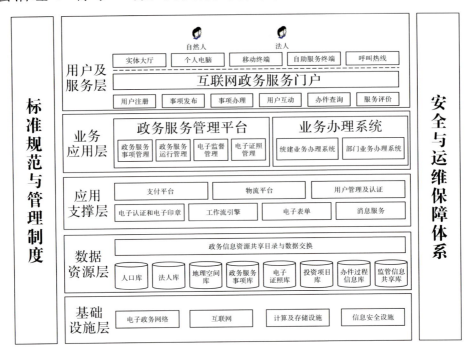

图 7-4 互联网政务通用服务平台结构

1. 互联网平台服务能力深化

基于传统 C 端互联网平台服务模式,社区治理将 G 端政务管理内容与互联网服务平台结合,实现了创新的治理模式所带来的社会生活方式的改变,也是传统互联网服务业务的拓展和深化。这主要体现在服务内容的不断增加、线下服务的线上迁移、云上服务的增加。这些服务内容弱化了社会治理因时空限制所带来的局限性,使互联网服务紧密嵌入社会各业务领域,并为公众提供差异化、个性化服务。此外,在平台对外业务服务能力深化的同时,平台内部各项支撑服务逐步深化,以大数据、云计算、人工智能、知识工程等技术为依托,互联网平台趋向智能化，为提高互联网平台G端、C端等的服务能力提供了基础。

2. 互联网服务渠道微端化

互联网服务渠道微端化是互联网、移动互联网发展追求的目标。社会治理参与主体多元化、服务对象的全员化，使互联网服务渠道变得多样化。其中，微端应用的普适性和易推广性为创新治理模式、提高治理能力提供了有力保障。特别是在疫情期间，疫情防控、人员监测、预警发布、通勤轨迹、健康状态和个人服务等内容，都生成了专用的疫情服务模板，实现了小程序、微信、健康码等移动互联网交互渠道。同时，机器人配送、无人机配送、直播带货等线下线上服务渠道也为新的交互模式做出了创新性探索。

7.4 小结

随着技术的发展及社会的进步，未来的平行数字世界将与物理世界充分融合。在物理世界，随着大范围社会协作及交通运输不断发展，城市间的距离逐渐缩小，出现了"半小时城市圈""一小时城市圈"，地域性差异渐渐淡化；在数字世界，大数据、区块链、人工智能技术不断发展应用，数据、知识、智力共享互通，人与人之间、人与系统之间的深度交互将更加快捷高效。

近年来，我国数字经济发展不断取得新进展，为社会治理提供了有力的技术和人才支持。社会治理的各方面、各环节都充分借助新技术优势、人才优势，为加强和创新社会治理提供了更加有力的科技支撑。依托 5G 技术优势，我们有望在 5G 时代不断拓展数字经济增长空间，使社会治理现代化的动力更为强劲；物联网技术将社会治理要素全面数据化，解决原有社会治理的盲点，形成全域的要素数据化；依托庞大的用户基数和丰富的应用场景，大数据、云计算技术能够产生更多更优质的应用成果；构建社会治理的"智治"模式，将区块链等技术融入社会治理中，实现人员、物资、装备的管理调度数字化、去中心化、可共享、可激励、可结算、可追溯；人工智能技术构建社会智力的知识工程、知识图谱和无人控制系统，以及决策辅助的智能化引擎。

这些新技术使社会治理场景画像有了极大的发展空间，有了清晰的要素与事件画像，所有的治理手段和治理资源将变得有的放矢，实现了社会治理的精准施策和高效执行。我们需要清晰地认识到，在社会治理深化推进过程中，仍需不断推动社会治理的设施融通、信息互通、工作联动，形成微端融合、服务联动的一体化治理体系，借助科技促进治理对象与场景的精准表达，促进治理力量的精准配置，让人民群众尊享科学治理和智慧治理带来的便利。

第 8 章 总 结

2020年"新冠"疫情引发的一系列社会问题,给传统的社会治理理论、技术、方法、模式带来了极大挑战,更加凸显出社会开放复杂系统研究的重要性。在这一时代背景下,我们基于赛博理论和钱学森院士的开放复杂巨系统思想,结合一体化指挥调度技术国家工程实验室场景实践,从安全场景数字化角度,阐述了对新时期社会治理复杂系统问题的一些认识和思考。

平台经济崛起,极大地增加了社会交互的复杂性和不确定性。从哲学思维视角,新时期的社会特性变化,涌现出更为复杂的系统性问题,完全中心化和完全去中心化的指挥调度都难以形成全面的科学决策,一体化指挥调度需要从实际出发,脚踏实地,实事求是地分析具体问题。充分利用大数据提升国家治理现代化水平、辅助科学决策,今天已经成为共识。基于社会治理的大数据基础和数字画像技术,安全场景数字化为复杂系统场景认知提供了一种量化手段,其本质是面向场景用大数据技术去刻画对象以及对象之间的交互关系。面向实际应用场景,结合技术和社会环境、场景认知,定性与定量相结合,使大数据的价值得到充分发挥。

一体化指挥调度理论方法可通过"OODA"环表征,同时这也是认知决策过程的形式化。始于技术,成于管理,通过指挥模式与数据体系的融合,指出催生体制和管理的变革,这也正是信息化的根本目的。钱学森的开放复杂巨系统思想代表了一体化指挥调度的理论发展方向,结合当前数字孪生、人工智能技术发展,"面向场景、数据驱动、平台支撑、脑+端、人机融合"成为工程实践之路。脑+端的人机融合是技术发展趋势,将行业知识"大脑"与智能"端"系统相结合,从人在回路的视角分析构建未来的人机关系。

2016年5月习近平总书记在哲学社会科学工作座谈会上提到"理论思维的起点决定着理论创新的结果。理论创新只能从问题开始。从某种意义上说,理论创新的过程就是发现问题、筛选问题、研究问题、解决问题的过程。"实验室在实践问题中不断提炼积累"场景+技术+模式"的整体解决方案(见图8-1),一方面支撑国家和行业战略任务需要,一方面汇聚成体系化的能力向更多行业领域赋能。

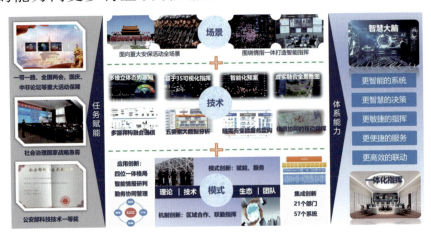

图 8-1 场景+技术+模式整体解决方案

技术是一把双刃剑,其发展永无止境,更有无限应用遐想空间,如何让技术与管理相结合,让技术更好地为人类社会服务,这就需要我们不忘初心,始终坚持马克思主义哲学指导,面向场景、实事求是,数据驱动、与时俱进,系统思考、科学决策!

本书是作者从一体化指挥调度的视角提出的一些思考和见解,希望能给读者提供参考借鉴,对解决实际问题有所帮助。

附 录

一体化指挥调度技术国家工程实验室大事记

（2016—2020 年）

2016 年

2016 年 2 月 22 日，国家发改委高技术司官方网站上发布发改办高技[2016]380 号文件《关于请组织申报社会治安防控领域创新能力建设专项工作的通知》。

2016 年 4 月 28 日参加国家发改委组织的"一体化指挥调度技术国家工程实验室建设项目评审会"。

2016 年 6 月 1 日，国家发改委高技术司官方网站发布"环境保护和社会治安防控领域国家工程实验室拟确定名单公示"。拟确定博康智能信息技术有限公司为"一体化指挥调度技术国家工程实验室建设项目"牵头单位，联合单位有北京邮电大学、北京航空航天大学、公安部第三研究所、重庆市公安科学技术研究所、贵阳市公安局、公安部交通管理科学研究所、公安部上海消防研究所（现"应急管理部上海消防研究所"）。

2016 年 6 月 22 日，国家发改委高技术司召开"一体化指挥调度技术国家工程实验室创新能力建设项目启动会"。

2016年8月,签订重庆市社会事业与民生保障科技创新专项子课题任务书一、二项目合作协议。

2016年9月,收到第十三届"中国—东盟博览会、中国—东盟商务与投资峰会"表扬信。

2016年10月,签署公安系统安保通信项目协议。

2016年11月,签署公安系统警务实战化通信项目协议。

2016年11月,收到"先锋2016"应急保障演练表扬信。

2016年11月,收到"南京市重要经济目标防护演习"表扬信。

2017年

2017年2月,依托中国指挥与控制学会,发起成立"智能指挥调度专业委员会",为进一步推动大数据、云计算、人工智能、物联网、互联网以及移动互联网在指挥调度领域中的应用提供了学术交流和工程实施的平台。

2017年2月,签署公安系统保障项目协议。

2017年5月,实验室理事会成立大会暨首届一次会议在京召开。会议通过了《国家工程实验室专家技术委员会委员组成名单》《国家工程实验室建设方案和工作计划》,标志着实验室管理体制,即在理事会领导、专家技术委员会指导下的实验室主任负责制的正式启动,实验室的全面建设发展进入了快车道。

2017年5月,收"一带一路"国际合作高峰论坛表扬信。

2017年6月,与招商局交通研究院联合成立了"智能指挥

调度交通联合实验室"。

2017年6月,组建"中国指挥与控制学会团体标准工作委员会",并成立"智能指挥调度标准工作组",联合各成员单位就智能指挥调度标准体系共同开展团标编写、立项、评审等。

2017年7月,在北京第三届中国军民融合技术装备博览会上,实验室组织专题论坛,就指挥系统的新模式、智能指挥平台之新理念/新方法/新技术、可视化综合指挥调度系统的行业应用、智能指挥调度技术在公共安全领域中的应用等多方面进行了充分的探讨研究。

2017年8月,签署公安系统警务指挥项目合作协议。

2017年9月,与南京市公安技术研究所联合成立了"智能指挥调度技术联合实验室",为指挥调度领域的互动交流和行业推广搭建了平台,发挥了桥梁和纽带作用。

2017年9月,公安部举行社会治安防控领域国家工程实验室揭牌仪式,一体化指挥调度技术国家工程实验室专家技术委员会主任、中国工程院院士费爱国,实验室理事长李璞作为代表参加揭牌仪式。

2017年11月,实验室集成演示验证大厅竣工,具备了产品演示、产品集成验证功能,部署的产品有一体化实战指挥、消防一体化指挥、交通一体化指挥调度、电子沙盘以及人网智能化等业务应用平台。演示验证中心的建成展示了实验室的先进理念和技术产品体系,树立了良好的实验室形象。

2017年11月,召开实验室发展规划研讨会,确定形成"产—学—研"协同创新机制,坚持技术与创新并进,实现关键技术成果的突破和转化。

2017年12月,收到"2017年国家公祭仪式活动安保工作"表扬信。

2017年12月,组织召开智能指挥调度团体标准立项与送审稿评审会。

2018年

2018年1月,作为主要成员单位,参与警用统一通信标准的编制工作。

2018年6月,与北京航空航天大学计算机学院签署战略研发框架协议。

2018年6月,组织并接待由国家发改委国际合作中心牵头的2018发展中国家"一带一路"数字经济国际合作访华团、2018年亚洲国家促进信息互联互通访华团等,数百位国际友人到实验室参观交流访问。

2018年7月,主持及参与制定的《一体化指挥调度 业务资源 图形符号技术要求》《一体化指挥调度 业务资源 数据交换技术要求》《一体化指挥调度 应用集成部署技术要求》《一体化指挥调度 数据资源 元数据服务接口技术要求》《一体化指挥调度 应用支撑接口技术要求》5项团体标准正式对外发布。

2018年7月,在广西组织承办"智慧平安城市暨公安信息化发展应用论坛",与会的300余位专家、学者一起探讨公安信息化建设、移动警务平台及云计算、大数据、北斗系统等新技术在公共安全领域的新应用与新发展。

2018年8月,与合作单位共同研发的"重大警卫活动安保指挥系统"荣获公安部科技进步一等奖。

2018年9月,作为核心单位参与科技部"公共安全风险防控与应急技术装备"国家重点研发计划"司法行政跨区域联合执法协同支撑技术研究"。

2018年9月,成功申报"中关村重大协同创新平台项目",由中关村管委会批复扶持资金2000万元,用于开展技术、标准、产业应用等研究工作。

2018年9月,在京举办实验室发展规划专家交流会,实验室专家技术委员会名誉主任陈俊亮院士、实验室专家技术委员会主任费爱国院士及戴浩院士等权威专家受邀出席会议。与会院士、专家对实验室的发展理念、关键技术研究、发展规划等予以肯定。实验室在公共安全领域起到了关键的技术支撑作用,专家们建议针对典型场景积极探索指挥调度流程的标准化问题。

2018年9月,组织承办"中国—东盟智慧安防发展论坛"。

2018年11月,组织承办"全球(银川)智慧城市峰会暨智慧城市建设下的公共安全信息化发展论坛"。

2018年11月,组织协办"西藏智慧安防研讨会"。

2018年12月,参加"先知兵圣——2018战术级人机对抗挑战赛",将指挥调度方法用于兵棋智能推演并获得优秀奖项。

2018年12月,联合中国指挥与控制学会、中国人工智能学会在京共同主办"2018首届智能指挥调度技术创新大会"。会议以"智能引领技术创新,知识生态融合共享"为主题,300余位行业专家共同就人工智能时代智能指挥调度领域的应用和发展进行了分享与交流。

2018年12月,组建"中国指挥与控制学会安全应急知识共享专业委员会",开展城市警务协助及模型共享工作。

2019 年

2019 年 4 月,为探索一体化指挥调度技术国家工程实验室未来的新型创新和赋能模式,邀请行业企事业单位代表、专家学者等在实验室集成演示验证中心举办"一体化指挥调度沙龙"。

2019 年 4 月,一体化指挥调度技术国家工程实验室、中国人民公安大学公安大数据战略研究中心、进修部共建"警务大数据联合实验室签约仪式"在京举行。

2019 年 4 月,为响应国家战略,加快推进各省市公安信息化建设,系统塑造实战业务民警的大数据侦查思维,实验室联合南京市公安局大数据中心,组织开展公安大数据分析师培训认证工作。"南京公安建模培训"正式举办,南京市分局合成作战中心、派出所及各支队的业务骨干参与了培训。

2019 年 5 月,与南京市公安局共同举办"跨区域智力共享警务协作论坛"。

2019 年 5 月,由中国指挥与控制学会、烟台市人民政府、中国科学院空天信息研究院主办,实验室协办的"2019 烟台院士峰会暨数字地球与空天信息应用发展论坛"在烟台召开。来自全国国防、军队、公安、军工、气象、海洋、交通、应急、自然资源、公共安全等领域的专家学者和各界嘉宾代表数千人参加会议。

2019 年 5 月,第三届世界智能大会在天津召开,一体化指挥调度技术国家工程实验室的智能网联警用巡逻车项目以"自动驾驶+巡逻执法+指挥调度"独特的行业场景应用获得最佳场景实践奖。

2019年7月,在京主办"智能指挥调度技术创新发展论坛"。论坛围绕一体化指挥调度关键技术研究和产业应用方向,探索未来指挥调度的新型创新和赋能模式,共建产业生态,共享创新成果。

2019年8月,在新疆"第六届中国亚欧安防博览会"组织召开"全国公共安全通信学术研讨会暨智慧新警务融合创新发展高峰论坛"。

2019年10月,组织召开"5G＋V2X＋智能驾驶"研讨会。对目前行业状态进行分析,对5G、V2X、智能驾驶进行讨论,提出安全角度、畅通角度、管理成本等的管理痛点、行业痛点及发展建议。

2019年11月,组织开展科学决策方法与实践培训活动,将决策理论与技术应用于能源行业。

至2019年底,实验室项目在建设期内,成功申请数十项发明专利、近百项软著成果;完成并发布了4项国家标准、2项行业标准、6项团体标准;签署战略合作协议数十份。

2020年

2020年1月,受国家发展和改革委员会委托,北京市发展和改革委员会主持召开了《一体化指挥调度技术国家工程实验室创新能力建设项目》(发改办高技〔2016〕2416号)专家验收会,一致同意该项目通过验收。

参考文献

[1] 贝克.风险社会[M].南京:译林出版社,2004.

[2] 吉登斯.现代性的后果[M].南京:译林出版社,2000.

[3] 张倩.习近平春节前夕赴四川看望慰问各族干部群众[EB/OL].新华网,(2018-02-13)[2020-07-27]. http://www.xinhuanet.com/politics/2018-02/13/c_1122415641.htm.

[4] 韩家慧.习近平同志《论坚持全面深化改革》主要篇目介绍[EB/OL].新华网,(2018-12-29)[2020-09-18]. http://www.xinhuanet.com/politics/2018-12/29/c_1123926463.htm.

[5] 中共中央文献研究室.习近平关于社会主义经济建设论述摘编[M].北京:中央文献出版社,2017.

[6] 王珂园,程宏毅.习近平讲故事:治国有常,而利民为本[N/OL].人民日报海外版,(2018-11-21)[2020-09-18]. http://cpc.people.com.cn/n1/2018/1121/c64094-30412325.html.

[7] 人民日报评论员.始终把人民安居乐业安危冷暖放在心上[EB/OL].人民网,(2020-07-28)[2020-09-18]. http://paper.people.com.cn/rmrb/html/2020-07/28/nw.D110000renmrb_20200728_2-01.htm.

[8] 中央党校习近平新时代中国特色社会主义思想研究中心.全面深化改革必须坚持正确方法论[EB/OL].光明网,(2018-07-30)[2020-09-18]. http://epaper.gmw.cn/gmrb/html/2018-07/30/nw.D110000gmrb_20180730_1-06.htm.

[9] 青连斌. 习近平总书记创新社会治理的新理念新思想[EB/OL]. 人民网,(2017-08-17)[2020-07-27]. http://theory.people.com.cn/n1/2017/0817/c83859-29476974.html.

[10] 习近平. 习近平谈治国理政(中文)[M]. 北京:外文出版社,2014.

[11] 王子晖. 习近平这样阐释新发展理念[EB/OL]. 新华网,(2019-10-24)[2020-09-18]. http://www.xinhuanet.com/politics/xxjxs/2019-10/24/c_1125144509.htm.

[12] 中共中央文献研究室. 十八大以来重要文献选编:中[M]. 北京:中央文献出版社,2016:76-77.

[13] 唐爱军. 群众的事同群众多商量[EB/OL]. 央广网,(2020-05-23)[2020-09-18]. https://baijiahao.baidu.com/s?id=1667436486284587198&wfr=spider&for=pc.

[14] 习近平. 在省部级主要领导干部学习贯彻党的十八届五中全会精神专题研讨班上的讲话[EB/OL]. 人民网,(2016-05-10)[2020-09-18]. http://politics.people.com.cn/n1/2016/0510/c1001-28336908-2.html.

[15] 薛涛. 习近平考察武汉,强调要充分发挥人才优势[EB/OL]. 新华网,(2018-04-26)[2020-09-18]. http://www.xinhuanet.com/2018-04/26/c_1122748911_3.htm.

[16] 钱中兵. 习近平:坚持新发展理念打好"三大攻坚战"奋力谱写新时代湖北发展新篇章[EB/OL]. 新华网,(2018-04-28)[2020-09-18]. http://www.xinhuanet.com/politics/leaders/2018-04/28/c_1122761186.htm?agt=132_216.undefined.

[17] 金江军. 以信息化推进国家治理体系和治理能力现代化[EB/OL]. 人民网,(2016-05-24)[2020-09-18]. http://opinion.people.com.cn/n1/2016/0524/c1003-28376417.html.

[18] 王敬东. 习近平在会见全国社会治安综合治理表彰大会代表时强调:坚持走中国特色社会主义社会治理之路 确保人民安居乐业社会

安定有序[EB/OL].央视网,(2017-09-19)[2020-09-18].http:// news.cctv.com/2017/09/19/ARTIzS4ATerGHoFH9Xqe6sOh170919.shtml.

[19] 张樵苏.习近平主持召开中央全面深化改革委员会第十二次会议 强调 完善重大疫情防控体制机制 健全国家公共卫生应急管理体系 李克强王沪宁韩正出席[EB/OL].新华网,(2020-02-14)[2020-09-18].http://www.xinhuanet.com/politics/leaders/2020-02/14/c_1125575922.htm.

[20] 李海韵.习近平:实施国家大数据战略加快建设数字中国[EB/OL].新华网,(2017-12-09)[2020-09-18].http://www.xinhuanet.com/2017-12/09/c_1122084706.htm.

[21] 杜智涛,李纲.面向精细化治理的城市画像:构成要素与应用体系[J].图书情报知识.2019(4):43-51.

[22] 于景元.钱学森系统科学思想和系统科学体系[J].科学决策.2014(12):2-22.

[23] 胡晓峰.战争科学论[M].北京:科学出版社,2018.

[24] 中国指挥与控制学会.《2018-2019指挥与控制学科发展报告》.

[25] 刘知远,韩旭,孙茂松.知识图谱与深度学习[M].北京:清华大学出版社,2020.

[26] 吴明曦.智能化战争[M].湖南:国防工业出版社,2020.

[27] 袁勇,王飞跃.区块链理论与方法[M].湖南:清华大学出版社,2019.

[28] 戴浩.2018年11月16日在中国指挥与控制学会公众号文章《无人机系统的指挥与控制》.

[29] Qiang Yang, Yang Liu, Tianjian Chen, and Yongxin Tong. 2019. Federated Machine Learning: Concept and Applications. ACM Trans. Intell. Syst. Technol. 10, 2, Article 12 (February 2019), 19 pages.

[30] 杨强,等.联邦学习[M].北京:电子工业出版社,2020.